I0137299

Guido Stache

Fragmente einer afrikanischen Kohlenkalkfauna aus dem Gebiete der West-Sahara.

Bericht über die Untersuchung der von Dr. Oskar Lenz auf der Reise von

Marokko nach Timbuktu gesammelten paläozoischen Gesteine und

Fossilreste

Guido Stache

Fragmente einer afrikanischen Kohlenkalkfauna aus dem Gebiete der West-Sahara.
Bericht über die Untersuchung der von Dr. Oskar Lenz auf der Reise von Marokko nach Timbuktu gesammelten paläozoischen Gesteine und Fossilreste

ISBN/EAN: 9783337858179

Hergestellt in Europa, USA, Kanada, Australien, Japan

Cover: Foto ©Andreas Hilbeck / pixelio.de

Weitere Bücher finden Sie auf **www.hansebooks.com**

FRAGMENTE

EINER

AFRIKANISCHEN KOHLENKALKFAUNA AUS DEM GEBIETE DER WEST-SAHARA.

BERICHT

ÜBER

DIE UNTERSUCHUNG DER VON DR OSKAR LENZ AUF DER REISE VON MAROKKO NACH TIMBUKTU GESAMMELTEN PALÄOZOISCHEN GESTEINE UND FOSSILRESTE,

VON

GUIDO STACHE.

(Mit 7 Tafeln.)

VORGELEGT IN DER SITZUNG DER MATHEMATISCH-NATURWISSENSCHAFTLICHEN CLASSE AM 22. JUNI 1882.

Einleitende Übersicht.

Mein geehrter Freund, Dr. Oskar Lenz, hat von seiner berühmten Reise über Marokko und Tarudant nach Timbuktu Gesteinsstücke und einzelne Fossilreste mitgebracht, deren paläozoischen Charakter er bereits richtig erkannte.

Da sichere Carbonfaunen aus dem nördlichen Afrika und aus den Steinwüsten-Gebieten der grossen Sahara bisher nicht bekannt waren, dagegen Anhaltspunkte für die Vertretung devonischer Schichten in der östlichen Sahara (Südabfall der Hammada bis Murzuk) durch E. Beyrich[1] bereits im Jahre 1852 gegeben wurden, lag es für Lenz nahe, zunächst an eine vorwiegende Repräsentation devonischer Bildungen zu denken. Als mir das Material zur Ansicht vorgelegt wurde, erkannte ich sogleich, dass ein grösserer Theil desselben carbonische Reste und zwar besonders häufig Producten aus der Gruppe der „striati" enthalte. Die speciellere Untersuchung der mir zur Verfügung gestellten Gesteinsstücke und losen Einzelreste ergibt nun das Resultat, dass, abgesehen von wenigen nicht näher bestimmbaren freien Formen, sowohl alle von mir aus den verschiedenen Gesteinen gewonnenen Petrefacten, als auch der Hauptsache nach die von Lenz in schon ausgelöstem Zustande gesammelten Versteinerungen nahe Übereinstimmung oder zum mindesten eine grössere Verwandtschaft mit bekannten Formen des Kohlenkalkes zeigen, als mit irgend welchen Arten der Devonformation.

---

[1] Bericht über die von Overweg auf der Reise von Tripoli nach Murzuk und von Murzuk nach Ghat gefundenen Versteinerungen. Mit 3 Tafeln. (Aus den Monatsber. über die Verhandl. der Gesellschaft für Erdkunde in Berlin. Bd. IX, 1852.) Berlin 1852.

Die Wichtigkeit, welche mir das Material für die Vermehrung unserer noch so sparsamen Kenntnisse über die Verbreitung paläontologisch fixirbarer Bildungen der paläozoischen Reihe in Afrika zu haben schien, war für das Opfer an Mühe und Zeit, welches ich dem auf den ersten Anblick zum grossen Theil unscheinbar und wenig versprechend aussehenden Rohmaterial zuwenden musste, ausschlaggebend. Die Auffindung, Präparation und Untersuchung der auf den beifolgenden 7 Tafeln dargestellten Formen hat nun in der That auch ein immerhin lohnendes Resultat ergeben.

Es ist die erste, etwas reichere paläozoische Fauna aus dem Gebiete der grossen Sahara und speciell die erste afrikanische Kohlenkalkfauna überhaupt, welche hier vorliegt.

Das mir zur Verfügung gestellte Material bestand aus einem kleinen Haufen loser Reste (vorwiegend Säulenstücke von Crinoiden nebst einigen Einzelkorallen) und aus etwa 8 bis 10 Gesteinsstücken von nicht durchwegs gleichartiger petrographischer Beschaffenheit.

Unter den Gesteinsproben liessen sich vier von einander deutlich abweichende Nüancen unterscheiden.

Drei derselben beherbergen zugleich ihre besondere Fauna. Zwei Gesteinsformen unter diesen vier zeigen dagegen eine sehr analoge Fauna trotz der Abweichungen im petrographischen Charakter und im Erhaltungszustand der eingeschlossenen Fossilreste.

Das den losen Petrefactenresten zum Theil noch anhaftende Gesteinsmaterial lässt sich nur zum Theil mit einiger Sicherheit auf eine der vier Gesteinsformen beziehen.

Es erscheint demnach auch zweckmässig, die aufgefundenen Reste, welche zum mindesten Faciesverschiedenheiten, zum Theil aber auch altersverschiedene Horizonte andeuten, dem Charakter des Vorkommens entsprechend bei der Specialbeschreibung getrennt zu halten.

Das Schluss-Résumé wird Gelegenheit bieten, Vermuthungen und Wahrscheinlichkeitsgründe über ihre gegenseitigen Beziehungen und den Grad ihrer stratigraphischen Zusammengehörigkeit in Erwägung zu ziehen.

Alle diese Gesteinsstücke und losen Petrefacten wurden von Lenz auf der Strecke zwischen Fum-el-Hossan am Wadi-Draa und dem südlichen Theile des Dünengebietes von Igidi gesammelt.

Die vier, entweder in Wechsellagerung befindlichen Schichtenlagen oder ungleichaltrigen Horizonten und Faciesnüancen entsprechenden Gesteinsbildungen sind folgende:

1. Productenkalke.

1 *a*. Lichter gelblichbrauner bis dunkel graulichbrauner Kalkstein mit unvollkommen muschligem bis scharf-splittrigem Bruch. Dieses Gestein ist erfüllt mit ziemlich dichtgedrängten Schalresten von Producten aus der Gruppe der *striati*. Mittelgrosse Formen herrschen vor, dazwischen finden sich kleine Producten und vereinzelt auch einige andere kleine Brachiopoden. Dieses Gestein zeigt Übergänge in ein mehr sandig verwitterndes mürberes Kalkmaterial, welches das Bindemittel von dicht zusammengehäuften und ineinander geschobenen grösseren Productenschalen derselben Gruppe bildet. Aus dieser lumachellartigen Bildung des allem Anscheine nach einen bestimmten Horizont repräsentirenden Productenkalkes liessen sich einige ziemlich wohlerhaltene Exemplare herauspräpariren. (Siehe Taf. I, Fig. 1, 2 u. 4 u. Taf. II, Fig. 1.)

Hier haben wir also unzweifelhafte Vertreter einer Kohlenkalkfauna vor uns.

Producten aus der Gruppe der *striati* und *undati* sind für oberen und unteren Kohlenkalk bezeichnend, wurden tiefer bisher noch nicht angetroffen und steigen in die Permformation nur in wenigen Formen hinauf.

1 *b*. Die zweite Gesteinsform ist ein dunkler schwärzlicher, rostbraun gefleckter kleinkörniger Kalkstein. Derselbe besteht vorwiegend aus kleinen, eckigen Körnern von dunkelblaugrauem späthigem Calcit (wahrscheinlich vorwiegend Crinoidengrus) und einem dazwischen mehr minder gleichförmig vertheilten Gemenge von lichteren bräunlichen Körnern und dichtem Kalkstein.

In diesem Kalkstein sind gleichfalls Schalenreste von gestreiften Producten eingeschlossen. Dieselben bilden auch hier das vorwiegende paläontologische Merkmal. Andere Brachiopodenreste, darunter solche, welche sich auf Orthisiden aus der grossen Gruppe des *Streptorhynchus crenistria* und eine *Athyris*-Form beziehen lassen, sind verhältnissmässig sparsam.

Der Erhaltungszustand der Brachiopodenschalen ist hier ein minder günstiger als in dem dichten leberbraunen Productenkalk. Die Schalenschichten sind nicht mehr frisch und glänzend, sondern in eine weisse, mürbe, zerreibliche Kalksubstanz verwandelt. Die vollständiger erhaltenen Productenreste gehören denselben Hauptformen an, welche den dichten, lichtbraunen Productenkalkstein charakterisiren.

Beide Sorten von Productenkalk haben mit einander eine eigenthümliche Ausbildung der der Verwitterung ausgesetzt gewesenen Gesteinsoberflächen gemein. Die der Sonne und der Scheurung durch den von den Luftströmungen bewegten Wüstensand ausgesetzt gewesenen Flächen zeigen eine feine, mäandrisch wurmförmige Ciselirung, verbunden mit Glättung der erhabenen wie der vertieften Theilchen.

Eine ähnlich geglättet corrodirte Oberfläche zeigen auch einzelne Productenschalen.

Nach Lenz bilden diese Kalke nicht mächtige Bänke sondern vorwiegend dünnere Platten von selten mehr als 3—6 Zoll Mächtigkeit. Sie sind sehr flach gelagert. Wo sie zuerst angetroffen wurden (nahe südlich von Fum-el-Hossan im Gebiet von Wadi-Draa), scheinen sie schwach gegen Nord geneigt zu sein. Wahrscheinlich bildet das ganze Schichtensystem, dem sie angehören, sanfte breite Wellen, welche durch Längs- und Querklüfte unterbrochen sind. Derartige Productenkalke scheinen in dieser nördlichen Zone der Verbreitung des Kohlenkalkes vorzuherrschen.

2. Spiriferensandstein.

2. Nächst den zwei Varietäten von Productenkalk tritt als drittes petrefactenführendes Gestein ein licht gelblich grauer Kalksandstein auf. Derselbe ist zum Theil von fester, zum Theil von mürberer Beschaffenheit. Gewisse Partien des lichten Productenkalkes zeigen in angewittertem Zustande eine analoge Ausbildung, wie dieses sandige Gestein.

Die Petrefactenführung dieses in der Sammlung nur sparsam vertretenen Gesteins ist eine von der der Productenkalke ganz verschiedene. Hier herrschen Spiriferenreste. Neben diesen fand sich nur eine merkwürdige parasitische Koralle, zwei Productenreste, eine *Rhynchonella*.

Die ungenügende Erhaltung der Spiriferenreste gestattet keine sichere Bestimmung. Von zwei Formen liegen Abdrücke von Theilen der gerippten Schalenoberfläche im Sandstein vor. Häufiger sind die starkwandigen Theile dreier Formen erhalten, deren Oberfläche und dünnere Schalenpartien ganz resorbirt wurden oder völlig abgewetzt erscheinen. Diese Schalenstücke klüften parallel zu den Septalleisten. Die beiden Seitenstücke der Rückenklappe trennen sich vom mittleren Schnabelstück mit der Dorsalbucht und bilden, wenn sie frei und ohne Zusammenhang mit dem Mittelstück herumlagen und glatt geschenert wurden, eigenthümliche an abgewetzte spitze Congerienschnäbel erinnernde Dreieckformen. Zum Theil zeigen die Spiriferenreste Merkmale, welche auf ihre Zugehörigkeit zur vielgestaltigen Gruppe der *Spirifer Mosquensis* Fisch. schliessen lassen.

Diese gelben sandigen Schichtproben, sowie vereinzelte Stücke mit Sandsteinausfüllung (*Rhynchonella, Productus* und eine merkwürdige parasitische Koralle) wurden von Lenz in der Mittelregion der Reiseroute (gegen Tenduf) gesammelt. (Taf. III.)

3. Lose Korallen und Crinoidenreste.

3. In einem dritten Abschnitt folgt die Beschreibung der in losem Zustande hier und dort umherliegenden Korallen und Crinoidenreste. Da dieselben nicht gesondert gehalten waren, kann nur bei einem Theil derselben auf Grund der spurenweise anhaftenden oder die Hohlräume erfüllenden Gesteinsmasse eine Andeutung darüber gemacht werden, aus welchen der hier erörterten Gesteinsschichten dieselben am wahrscheinlichsten stammen. Einige zeigen ziemlich sicher primäre Gesteinsmasse und lassen die Herkunft aus Kalken, welche mit dem Productenkalk übereinstimmen, oder aus einer Sandsteinschicht des Spiriferenhorizontes oder endlich aus weichen kalkigmergligen Schichten erkennen. (Taf. IV, V u. VI.)

Bei anderen dagegen scheint Ausfüllung und theilweise Überkrustung, sowie gewisse Besonderheiten der Versteinung und Umwandlung des späthig-kalkigen Petrefactenkörpers selbst erst auf secundärer Lagerstätte vor sich gegangen zu sein.

ww *

4. Plattige Crinoideenkalkmergel.

4. Die in besonderem Abschnitt zu behandelnde vierte Form der von Lenz mitgebrachten Gesteinsproben war durch vier grössere Stücke vertreten, welche für den ersten Blick nur Answitterungen von kleinen Crinoideen-stielgliedern und vereinzelten Bryozoen zeigten und äusserlich zu nicht besonderer Hoffnung bezüglich der Gewinnung besser erhaltener Reste berechtigten. Dennoch lieferte die Zertrümmerung derselben bis ins Kleine eine ziemlich ansehnliche Zahl verschiedenartiger Formen — die ganze auf Taf. VII repräsentirte, besonders aus kleinen zartschaligen Brachiopoden bestehende Mikrofauna mit kleinen Producten.

Das Gestein ist theils ein etwas festerer, hellgrauer sandigmergliger Plattenkalk, theils ein mehr mürber kalkigsandiger, durch zahlreiche kleine Crinoideenstielglieder grobbröckliger, gelblichgrauer, sandigkalkiger Mergel. Die Oberfläche der der Verwitterung ausgesetzt gewesenen Seiten der dünnplattigen festeren Kalkfladen ist uneben durch flache Grübchen von herausgesprungenen Crinoideengliedern und glatt geschenert. Beide Abänderungen, die mürbe wie die härtere, sind voll von kleinen Crinoidenstengeln und Stielgliedern, sowie von zerbröckelten Kronenfragmenten.

Diese Schichten herrschen in der Südzone des grossen paläozoischen Gebietes der West-Sahara vor, entlang dem Dünen-Gebiet von Igidi, aus welchem man in das Granitgebiet der Hügel von El Eglab kommt. Ob zwischen diesen Schichten von Igidi und dem Granit noch andere tiefere Schichten zum Vorschein kommen oder ob dieser Kohlenkalkhorizont, ältere paläozoische Schichten verdeckend, auf eine Granitbasis übergreift, ist nicht entschieden.

Schliesslich ist zu erwähnen, dass sich unter dem Material auch kleine, schwach abgewetzte Brocken eines dioritischen Eruptivgesteins befanden. Die mikroskopische Untersuchung, welche die Herren Baron Foullon und Dr. Hussak vornahmen, ergab, dass das Gestein ein Augitdiorit sei von noch grosser Frische und eher den Habitus und Merkmale eines Gesteins jüngeren als einer älteren dioritischen Gesteinsgruppe an sich trage. Es wird somit die Wahrscheinlichkeit, dass diese Stücke aus einer der paläozoischen Reihe angehörenden conglomeratischen Lage oder direct einem lager- oder gangförmig darin auftretenden alten Eruptivgestein angehören, eine geringere. Jedoch ist die Möglichkeit eines dieser Fälle dadurch noch nicht direct ausgeschlossen, nachdem die Erfahrungen gezeigt haben, dass es sowohl alte Gesteine mit jungem Habitus, als junge Gesteine mit dem Habitus der alten gibt.

Die Beschreibung der aus der unteren Carbonformation der westlichen Sahara nun vorliegenden Petrefacten erfolgt, entsprechend den vorangeschickten Bemerkungen, in vier Abschnitten:

1. Fauna der Productenkalke der nördlichen Kohlenkalkzone des Wadi-Draa. (Schichten von Fum-el-Hossan.)

2. Petrefacten aus den Sandsteinschichten der Mittelregion.

3. Korallen und Crinoideenreste von verschiedenen Punkten des ganzen Hammada-Gebietes zwischen Fum-el-Hossan und Igidi.

4. Fauna der mergeligen Crinoidenkalkschiefer der südlichen Kohlenkalkzone. (Schichten von Igidi.)

Beschreibung der Petrefacten aus den Kohlenkalkschichten der West-Sahara.

1. Faunen-Reste des Productenkalkes der Kohlenkalkzone am Wadi-Draa.

Taf. I und II.

Der lichtere gelblichgraue bis leberbraune Kalk des Gebietes von Wadi-Draa ist paläontologisch charakterisirt durch mittelgrosse und kleine Productenformen. Nebenbei erscheinen Spuren von *Streptorhynchus*-Schalen (Gruppe der *Str. crenistria* Phil.) sowie sehr kleine Exemplare von zwei bis drei *Athyris*-Arten.

Mit einer einzigen Ausnahme gehören alle Producten, welche ich aus den wenigen Kalkstücken gewann, in Davidson's grosse Hauptgruppe der *striati*, welchen sich auch die *semireticulati* und *undati* de Koninck's und überhaupt alle gestreiften oder berippten Producten unterordnen. Aus der Davidson'schen Gruppe der *„spinosi"* ist kein Vertreter, aus der Gruppe der *„sublaeves"* nur ein Vertreter *(Prod. devestitus)* vorhanden. Einer der afrikanischen *„striati"*, *Prod. semistriatus*, stellt eine Mittelform zwischen den *„striati"* und *„sublaeves"* vor. Eine gemeinsame Eigenschaft aller Formen der kleinen afrikanischen Productenfauna ist, dass ihre Convexklappe stets eine volle ungetheilte Mittelwölbung zeigt. Eine zweite Eigenheit ist die Seltenheit oder der Mangel von Ansatzstellen grösserer Röhrenstacheln auf Wölbungs- und Ohrenflächen. Überdies ist feine, dichte Streifung oder Berippung vorherrschend. Starke, weitständige Berippung wie bei *Prod. costatus* kommt nicht vor. Stärkere Rippen mit vereinzelten Spuren grösserer Röhrenstacheln zeigt nur eine Form *Prod. crenulato-costatus*.

A. Neuartige Formen.

Productus Africanus nov. form.

Taf. I, Fig. 1 a—k u. Fig. 2 a—e.

Erhaltung: Eine wahrscheinlich im afrikanischen Kohlenkalk nicht seltene Form. Zahlreiche in dem kleinen Material vorhandene Bruchstücke gehören zu dieser Form. Die Abbildungen stammen von zwei Individuen, welche überhaupt zu den am vollständigsten und best erhaltenen Exemplaren dieses Productenkalkes gehören. Zugleich repräsentiren die beiden Stücke eine interessante, durch eine besondere Combination von Merkmalen gut charakterisirte und von allen bekannten Producten abweichende Art.

Das eine Individuum ist durch eine fast vollständige mit Schlossrand, Schnabel und Schleppenkranz erhaltene Bauchklappe, das zweite durch eine fast vollständige Rückenklappe und die zusammengehörigen Bruchstücke der zugehörigen Bauchklappe vertreten. Schnabel und Schlossrand sammt Innenfläche mit den Eindrücken des Adductors und den oberen Theilen des Cardinalis zeigt das eine dieser Bruchstücke.

Grössenverhältnisse: Fig. 1 a—g. Grosse oder Bauchklappe; Schlossrand 36mm. — Breite oder grösster Querdurchmesser 45mm, unter dem Schlossrand 40mm. — Medianaxe (Länge) bis zum Schleppensaum 50mm. — Wölbungsdurchmesser oder Tiefe der Schale 34mm. — Erhebung des Schnabelbuckels über die Ohrenflächen 6—7mm. — Fig. 2 a. Rückenklappe des zweiten Exemplares: Schlossrand 34mm. — Höhe des Schnabels mit dem dorsalen Schlossfortsatz 9mm. — Grösster Querdurchmesser der Schale 40mm. — Medianaxe von der Spitze des Schlossfortsatzes bis zum unteren Schalenrand 50mm. — Wölbungstiefe 28mm.

Auf dem Schnabelrücken kommen 14—16, in der Mitte der Hauptwölbung 8—9, am Rande zunächst der dichotomen Spaltung des Schleppensaumes 6—7 Rippen auf 5mm Breite.

Die Aussenfläche der concaven Klappe des zweiten Exemplares zeigt gleichfalls 6—7 Rippen auf 5mm Breite in den randwärts von dem Visceralfelde gelegenen Partien der Schale.

Beschreibung: Der Hauptumriss der gryphaenartig hochgewölbten Bauchklappe ist vierseitig oblong bis hochtrapezförmig mit halbkreisförmiger Zurundung der breiteren Basis und breitbuckliger mittlerer Aufwölbung der Scheitellinie bei mässiger Divergenz der Seiten. Der Umriss, die Dorsalansicht und der Gesammthabitus der Gestalt erinnert an *Prod. flexistria* M'Coy (de Kon., Monogr. Taf. XVII, Fig. 1 *ab*). Die Convex-ansicht und die Flankenstellung lässt theils mit dieser, theils mit manchen Varianten von *Prod. Cora* d'Orb. (vergl. z. B. Davids., Brit. Carb. Brach. Taf. XXXVI, Fig. 4 *a*) einen allgemeineren Vergleich zu.

Bei genauerer Betrachtung ist jedoch, ganz abgesehen von allen anderen abweichenden Eigenschaften, auch der Bau der Klappe selbst von der analogen Gestalt des *Prod. flexistria* hinreichend verschieden. Übereinstimmend ist der Gesammtumriss und besonders die plattgedrückten Flanken und der Mangel seitlich vorstehender ohrenartiger Fortsätze; dagegen ist die Art der Wölbung und Einbiegung der Buckel und Schnabel-partie, sowie der Absatz derselben gegen die seitlichen Depressionsflächen (Ohren- oder Schlossrandflächen) eine abweichende. Die Schnabelspitze ist schwach eingebogen, mässig vorspringend, der Schnabelbuckel ist ziemlich scharf gegen die fast horizontal eingedrückten Ohrenflächen abgesetzt und stark aufgewölbt. Die Ohrenenden sind stumpf abgerundet, unterhalb etwas eingedrückt. Die Schlosslinie ist von oben verdeckt durch die darüber hinausragende wimperartige Reihe kurzer, horizontal vorstehender Stacheln, welche sich als directe Ausläufer der sich gegen den Schlossrand umbiegenden feinen Rippen der horizontal gedrückten Ohrenflächen erweisen. Diese Art der Bewimperung durch eine dem Schlossrand folgende Reihe feiner kurzer Röhrenstacheln ist in Verbindung mit der ausgeschnittenen schon eine Arealanlage zeigenden Schlossleiste mit dem gänzlichen Mangel von Röhrenstacheln auf der Schalenoberfläche das Hauptmerkmal der neuen afrikanischen Art und zugleich mit dem Auftreten von intercostaler Punktirung des Steinkerns durch die stachlige Körnelung innerer Schalenpartien ein Hinweis auf das Bestehen von Zwischenformen, welche die nahe verwandten Geschlechter *Productus* und *Chonetes* verknüpfen.

Dieses Merkmal in Verbindung mit der dem *Prod. flexistria* verwandten Gestalt und eines charakteristischen, durch intermittirende Dichotomie der randlichen Rippenenden gebildeten Schleppensaumes genügt, um diesen *Productus* eventuell als den Typus eines neuen Formenkreises oder als den Repräsentanten einer guten besonderen Art anzuerkennen. Dazu kommen nun noch die Eigenthümlichkeiten der Verzierung und inneren Beschaffenheit der Schalen, welche im Einzelnen bei verschiedenen Formen wiederkehren, in ihrer Gesammt-heit jedoch die Charakteristik vervollständigen.

Die Rippen sind fein, scharfkantig, wellig, ungleich dicht aneinander gedrängt und unregelmässig inter-calirt oder dichotomirend auf dem Schnabelbuckel. Auf den Ohrenflächen ist die Intercalation überwiegend und regelmässiger. Hier biegen sich die Rippen wellig dem Rande zu und spitzen sich in kurze Röhrenstacheln aus, von denen etwa 20—24 auf jeder Seite des Schnabels zu sehen sind. Auf dem Mitteltheil der Haupt-wölbung bis zum Rande verlaufen die engstehenden, nur durch schmale, aber scharfe Furchenlinien getrennten Rippen stramm und gerade abwärts. Sie sind hier schon rundrückig und es zeigt sich besonders in der Gegend des Hauptbuges der Wölbung nicht selten eine Convergenz und Wiedervereinigung zweier Rippen. In der Randgegend und zwar besonders an den Flanken der Schale erscheinen die Rippen breiter und platt, die Furchenlinien um so enger. Bei der Spaltung in die Saumrippen scheint ziemlich regelmässig immer nur wieder das je zweite Rippenende zu dichotomiren. Die concentrischen Faltenlinien zeigen sich in der Form, wie sie häufig bei *Prod. cora* vorkommen. Dieselben sind nicht sehr kräftig, aber ziemlich zahlreich. Am deutlichsten, und zum Theil scharf und zahlreich, erscheinen sie auf den Ohrenflächen und seitlich darunter.

Ausserdem aber werden die Rippen noch durch zarte, dichte, nicht immer gleichförmig feine concen-trische Linien geschnitten und in ähnlicher, bezüglich der Regelmässigkeit und Stärke aber nicht ganz überein-stimmender Weise crenulirt, wie dies Davidson l. c. (Taf. XXXVI, Fig. 1) an *Prod. cora* zeigt.

Die Schale ist im Visceral-, Schnabel- und Ohrentheil ziemlich dick — im Übrigen ziemlich dünn; sie drückt dem Steinkern die Spuren der Berippung sammt den intercostalen Stachelkörnern und den stärkeren Ringfalten auf. Auf den unter der Oberflächenlage folgenden Schalenlamellen bemerkt man feine Punkte nicht nur in den Rippenfurchen, sondern zum Theil auf den Rippen selbst.

Die Oberfläche der Concavschale, welche man an dem zweiten Exemplare beobachten kann, hat weiter von einander abstehende, aber etwas dünnere Rippen als die zugehörige Convexklappe. Gröbere und feinere punktförmige Vertiefungen der Zwischenfurchen deuten die spitzigen Rauhigkeiten der Innenseite an.

Der Schlossrand der Convexklappe dieses Exemplares ist frei und zeigt die Unterbrechung der schmale Arealflächen zeigenden Schlossleiste durch einen kleinen Dreieckausschnitt.

Productus semistriatus n. f.

Taf. I, Fig. 5 a—c.

Erhaltung: Eine Convexklappe mit aus dem Stein herausgearbeiteten Schnabel sammt Schlosslinie, aber mit mangelhafter Erhaltung der Ohren. Im Übrigen ist der grössere Theil der Schale vorhanden, jedoch stückweise losgelöst von dem Steinkern, welcher das Relief der Visceraleindrücke, besonders der starken und breiten Schlossmuskeln zeigt. Das Exemplar sitzt auf demselben Gesteinsstück, dessen Rückseite die concave Rückenklappe von *Prod. africanus* einnimmt.

Grössenverhältnisse: Länge der Schlosslinie 34^{mm} (ohne Ohren). — Querdurchmesser der Schale 38^{mm}. — Medianaxe 32^{mm}. — Wölbung 12^{mm}. — Dicke der Schale zwischen Schnabel und Schlossmuskeln 2—3^{mm}, unterhalb und seitwärts von den Muskeleindrücken 1—1·5^{mm}. Auf dem Steinkern lassen sich folgende Verhältnisse durch Messungen constatiren: Länge der Medianfurche, respective der Leiste des Steinkerns 28^{mm}. — Querdurchmesser der Visceralpartie oder Distanz der äusseren Schlossmuskelränder 26^{mm}. — Mediandurchmesser bis zur Tangente der unteren Schlossmuskelränder 18^{mm}. — Unterer Abstand der inneren Schlossmuskelränder 10^{mm}.

Beschreibung: Der Umriss der erhaltenen Convexklappe ist vierseitig, kurz oblong, mit unten abgerundeten, oben wahrscheinlich nur zu kurzen stumpfen Ohren vorgezogenen Ecken. Die den Muskelapparat überwölbende Mittelpartie mit dem Schnabel ist etwas stärker aufgewölbt als die peripherische Zone der Schale und wie es scheint durch eine leichte Depression dagegen abgesetzt. Der Schnabel ist nur schwach eingebogen, kaum nach vorn über die Schlosslinie vorspringend, dagegen beiderseits durch stärkere fast horizontale, 6—7^{mm} breite Depressionsfelder (etwa 5^{mm} hoch) über die Schlosslinie herausgehoben. Diese eingedrückten Partien verlaufen gegen die ohrenartigen (kann erhaltenen, wahrscheinlich kurz abgestutzten) Fortsätze. Schnabel und Wölbungsbuckel erscheinen fast glatt. Seitwärts unterhalb der Depression und der Ohrenpartie ist eine dichte, zarte Radialstreifung der Schale zu beobachten; dieselbe scheint auf dem ganzen schwächer gewölbten peripherischen Theil vorhanden zu sein. Nach abwärts gegen die Medianlinie zu, scheinen die Streifen etwas stärker zu werden und minder dicht zu stehen. In dem unteren Theile des Wölbungsbuckels und an der Grenze desselben gegen die flacher gewölbte Randzone sind Spuren von concentrischen Furchen und feineren concentrischen Linien zu beobachten.

Der Steinkern zeigt im Hochrelief die Visceralausdrücke der inneren Schalenfläche in einer eigenthümlichen Ausbildung. Eine nahe Übereinstimmung habe ich bei keiner der in dieser Hinsicht veröffentlichten Abbildungen wiedergefunden. Es sind auf demselben sichtbar: 1. Der als oben gespaltene, unten lanzettlich anspitzende Mittelleiste erscheinende Abdruck einer langen Medianfurche. 2. Die untere Partie der seitlich anstossenden Adductoreindrücke. 3. Die davon nach unten weit abstehenden starken, gestreiften Buckeln, welche den starken Schlossmuskeleindrücken (Cardinalis) entsprechen mit zwei tiefen einseitigen, auf vorspringende Leisten deutenden Grenzfurchen. 4. Sehr schwache Andeutungen der Lage der Spiralarme. 5. Über den ganzen flacher gewölbten Theil, zu beiden Seiten des lanzettlichen Fortsatzes der Medianfurche verbreitete bogige, wie es scheint, zum Theil dichotome Radialstreifen, welche beiläufig einem Gefässnetz entsprechen dürften, wie es Davidson für *Strophomena analoga* Phil. l. c. Taf. XXVIII, Fig. 11 abbildet.

Verwandtschaft: Im Umriss und bezüglich der feinen Streifung bietet die bei Davidson, Britt. Carb. Brach., Taf. LI, Fig. 2 abgebildete kleinere Form von *Prod. sublaevis* de Kon. aus dem Bergkalk von Clitheroe in Lancashire noch die besten Vergleichungspunkte. Dem kleinen Exemplare fehlt die Mittelfurche über die Mittelleiste, welches die grossen Individuen l. c. Taf. XXXI, Fig. 1 u. 2 zeigen; dagegen zeigt dasselbe eine mittlere und zwei seitliche Reihen von Stacheln, sowie ziemlich stark vortehende Ohren. Da Davidson selbst betont, dass diese Art nach Alter und Individualität stark variirt, und der Mangel der Ohren und der Stacheln auch auf den unvollkommenen Erhaltungszustand zurückgeführt werden könnte, ist der Hinweis zum mindesten nicht ganz ungerechtfertigt.

Productus devestitus n. f.

Taf. I, Fig. 6.

Das vorliegende Bruchstück zeigt genügend augenfällige Merkmale, um es einerseits als neuartig abzuscheiden und andererseits etwa in die Nähe von *Prod. aculeatus* Mart. und *sublaevis* de Kon. zu placiren.

Das Exemplar lässt auf einen vierseitigen Umriss schliessen, welcher sammt Buckel und Wölbungsmodus etwa die Gestalt des *Prod. quadratus* J. Sow. (de Kon., Monogr. etc. Tab. XIV, Fig. 1 c) nachahmt. Die Schale der Ventralklappe ist aber aussergewöhnlich dick für ihre Grösse und überdies glatt, ohne Spur von Radialstreifung oder Rippen, nur mit wenigen concentrischen flachen Depressionsfurchen und mit einzelnen Ansatzspuren von Röhrenstacheln versehen. Ob ein mittlerer Kiel oder eine Mittelfurche sich abwärts vom Schnabelbuckel entwickelt hat, wie dies bei verschiedenen Varietäten von *Prod. sublaevis* vorkommt und welche Anordnung die Stacheln hatten, ist nicht zu entscheiden. Charakteristisch und an die Form der Ohren mancher Exemplare von *Prod. sublaevis* erinnernd sind die verdickt abgerundeten Ohrenenden. Dieselben sind durch eine stärkere Vertiefung der äussersten der drei concentrischen Furchen, welche in dem Depressionsfeld zwischen Buckel und Ohrenenden verlaufen, etwas schärfer abgesetzt, aber sie springen nicht seitwärts über die etwas flach gedrückten Schalenseiten vor, wie bei *Prod. sublaevis*.

Die abgeleiteten Grössenverhältnisse sind: Schlosslinie 32^{mm}. — Oberer Querdurchmesser (über die Ohren) 38^{mm}. — Grösster Querdurchmesser der Schale 44^{mm}? — Mediandurchmesser 40^{mm}? — Wölbungshöhe 15^{mm}. Der Schnabelbuckel ist etwa 5—6^{mm} hoch über die Schlosslinie aufgewölbt, abgerundet, einwärts gebogen, nach innen zu schwach vorspringend.

Productus crenulato-costatus n. f.

Taf. I, Fig. 4 a—c.

Diese Form bietet in der Berippung Anhaltspunkte zur Vergleichung mit schmalrippigen Abänderungen von *Prod. muricatus* und *Prod. costatus* — in der concentrischen, welligen, dichten Linirung mit der bei Davidson (Britt. Carb. Brach., Taf. XXXVI, Fig. 46) gegebenen Darstellung der Schalenoberfläche. Die hochconvexe Aufwölbung des breiten Buckels zeigt keine Spur von Depression oder Mittelfurche wie dies bei *Prod. costatus* stark und oft auch bei *Prod. cora* wenigstens in leichterer Andeutung vorkommt. Überdies fehlen die weiteren concentrischen Faltenringe ebenso, wie eine engere Netzstreifung der Buckelgegend. Die Rippen verlaufen stramm und gerad und haben im mittleren Wölbungsabschnitt eher eine Neigung zur Convergenz gegen den Rand zu; erst auf den Seitenflächen der Schale tritt ein schwaches bogiges Divergiren ein. Gegen den Rand zu schieben sich durch Intercalation oder Dichotomie Zwischenrippen ein, so dass man etwa acht Rippen auf eine Strecke von 5^{mm} zählt, während oberhalb nur 5—6 zu zählen sind. Die Rippen stehen eng, die Zwischenfurchen sind schmäler als die Rippen, und man sieht in denselben an den von der oberen Schalenlamelle oder ganz freigelegten Stellen eine scharfe, regelmässige, einfache Reihe von nadelstichförmigen Vertiefungen. Diese schon mit freiem Auge erkennbaren Punkte entsprechen nach innen vorspringenden kleinen Stacheln.

Ganz eine ähnliche Beschaffenheit von Rauhheit der inneren Schalenfläche bildet Davidson (l. c. Taf. XLVI, Fig. 5 p) bei *Chonetes papilionacea* Phil. ab.

Die Rippenlinien und Punkte sind auch auf der Gesteinsmasse des Kernes noch scharf ausgeprägt.

Auf der Oberschale des afrikanischen *Productus* sind einzelne grosse, mit ihren Ansatzstellen meist die ganze Rippenbreite einnehmende Stacheln nur ganz sporadisch und ohne Regelmässigkeit vertheilt.

Die Grössenverhältnisse des abgebildeten Exemplares sind beiläufig folgende: Schlosslinie 34^{mm}. — Grösster Querdurchmesser? (36—40^{mm}). — Mediandurchmesser (40^{mm}). — Wölbungshöhe 22^{mm}.

Die Schale ist in der am stärksten gewölbten Buckelpartie nur mässig dick, weiter abwärts und an den Seiten sogar dünn, wie der Abdruck der Berippung auf dem Steinkern anzeigt.

Productus papyraceus n. f.

Taf. II, Fig. 1 *a—d.*

Bei dieser schönen und merkwürdigen Form ist es in der That schwer, sich zu entscheiden, ob dieselbe zu *Productus* oder zu *Chonetes* zu stellen sei. Die ausserordentliche Gleichförmigkeit der fast papierdünnen Schale und der damit verbundene Mangel einer jeden Spur von Muskelabdrücken auf dem vom Schnabel bis zum Rand die Berippung der Oberschale scharf wieder gebenden Steinkerne spricht für eine Trennung von den in der Visceralpartie oft sehr dickschaligen oder gewöhnlich wenigstens im Verhältnisse zum peripherischen Theil etwas stärkeren Productenschalen. Würde die dem Habitus der Gestalt und Berippung nach ganz an *Productus* anschliessende Ventralklappe auf der inneren Schalenfläche diejenigen Eigenschaften zeigen, welche de Koninck in seiner Monographie von *Productus* und *Chonetes* als besonderes Kennzeichen für *Chonetes* hervorhebt, so würde man eher an eine Zustellung zu *Chonetes* denken können. Es ist jedoch das Vorhandensein der kleinen nadelstichförmigen Löcher, welche die mit feinen Körnern oder Stacheln besetzte innere Fläche der Ventralschale von *Chonetes* auf dem Steinkern besonders im Bereich der Ohrenflächen und zwischen den Rippen zurücklässt, gerade bei dieser afrikanischen Form gar nicht oder nur unvollkommen ausgeprägt. Bei der Schärfe, mit welcher das Detail der Berippung auf dem Steinkern ausgeprägt ist, müsste auch dieses Merkmal, welches allerdings auch bei afrikanischen Producten vorkommt (vergl. *Prod. crenulato-costatus* Taf. I, Fig. 3) erkennbar sein. Nachdem es nicht gelang, die Schlossfläche so weit von Gestein frei zu legen, dass etwa ein Aufschluss über die Ausbildung einer Area mit Deltoidausschnitt und Pseudodeltidium zu erhalten gewesen wäre, darf man wohl den gänzlichen Mangel von Röhrenstacheln oder Ansatzspuren derselben, sowie die gleichförmige Dünnschaligkeit nicht als entscheidende Merkmale betrachten.

Das Auftreten von concentrischen Wachsthumsringen schon in der Nähe des kleinen Schnabels, spricht gleichfalls mehr für die Zustellung zu *Productus*. Um etwa ein besonderes Mittelgenus zwischen *Productus* und *Chonetes* aufzustellen, wäre ein vollständigeres Material nothwendig und die Vergleichung mit anderen, sowie diese Form in der Visceralpartie der Convexklappe dünnschalig gebauten Producten. Im Übrigen zeigt der afrikanische *Productus papyraceus* noch folgende Merkmale und besondere Kennzeichen:

Grössenverhältnisse: Schlosslinie 39ᵐᵐ. — Grösster Durchmesser der Schale (unterhalb der Ohren) 44ᵐᵐ. — Medianlinie 34ᵐᵐ. — Wölbungshöhe 16ᵐᵐ.

Beschreibung: Der Umriss der Klappe erscheint verschieden, je nachdem man denselben mit oder ohne der sehr eigenthümlich gefranzt erscheinenden Randzone betrachtet.

Wenn man sich die durch dichotome und mehrtheilige Zerfaserung der Rippenenden markirte Randzone, welche unter der Ohrenfläche bis zur breiten Mittelwölbung eingreift, hinweg denkt, hat der im Ganzen quer-vierseitige Umriss Ausschnitte unter den Ohren, so dass diese als auch im Umriss schärfer markirte Lappen hervorstehen würden. Der Gesammtumriss mit Einbeziehung dieser gefranzten Zone zeigt an dieser Stelle nur eine schwache, seitliche Depression und die Entwicklung von durch diese Zone gebildeten, steil abfallenden Seitenflächen. Das breite, hemisphärisch gewölbte Mittelfeld endet mit einem kleinen niedrigen, kaum eingebogenen, nicht über die Schlosslinie vorspringenden Schnabel. Die Ohrenflächen sind ziemlich gross, gegen die Buckelwölbung vom Schnabelende her durch Depression getrennt, gegen die Schlosslinie und die Seiten umgebogen.

Die Oberflächenbeschaffenheit der dünnen Schale, sowie die Eigenschaften der unteren feinen Schalenschichten und der in der Steinkernsculptur zum Ausdruck gebrachten inneren Wandung bieten sehr charakteristische Kennzeichen.

Die Rippen, von welchen am Schnabelbuckel 12—14, auf der Wölbungshöhe 7—8, in der Randzone 6—7 und in den dichtesten Partien der gefranzten Umsäumung 12—16 auf 5ᵐᵐ entfallen, sind flachgewölbt und abwärts mit rundlichen Wärzchen besetzt, welche wahrscheinlich feine Stacheln getragen haben. Die Rippen der oberen Ohrenflächen sind mit ihren Enden wellig gegen den Rand gebogen. Die zweifach und in der seitlichen Partie unter den Ohren meist dreispaltig getheilten und mehrfach wieder zusammenflossenden Rippenfranzen sind ungleich und wellig gebogen. Die Zweitheiligkeit der Rippen ist auf der Innenseite der Schale mehrfach schon durch eine feine Mittelfurche der Rippen angedeutet. Die scharf und zart eingeschnittenen Furchenlinien erweitern sich merklich gegen den Rand zu, so dass im Allgemeinen die strahlige Divergenz der Rippen sehr regelmässig von der Medianlinie aus gegen die Ohrenflügel zunimmt.

Auf den zwei unteren feinen Schalenlamellen sind ausser den gröberen Tuberkelspuren der Oberschale, noch feine, punktförmige Wärzchen in den Zwischenfurchen und sehr deutlich auch dichte, feine, concentrische Wachsthumslinien unter der Lupe zu beobachten. Auf der Oberschale kommen nur die concentrischen Faltenringe zum Ausdruck und zwar besonders deutlich schon auf dem Schnabelbuckel und auf den Ohrenflächen. Ein stärkerer Depressionsring trennt die mittlere Hauptwölbung von den Ohrenflächen und der mit gefranzten Saum versehenen peripherischen Randzone der Schale.

Productus ? tripartitus n. f.

Taf. II, Fig. 6.

Die kleine Form ist vor allen anderen productenähnlichen Formen ausgezeichnet durch zwei scharfe, seitlich vom Schnabel divergirend ausgehende und bis zum randlichen Schleppentheil der Schale reichende Leisten, welche im Steinkern als Furchen eingedrückt sind.

Die 13mm lange Schlosslinie ist zugleich der grösste Durchmesser der Schale. Der kleine Schnabeltheil ist schwach eingebogen kaum vorspringend, als kleiner Buckel gegen die abgeflachten Ohrenflächen abgesetzt. Der Mitteltheil sammt dem Schnabelbuckel zeigt auch als Steinkern einige concentrische Anschwellungen, mit deren letzter zugleich der steilere Abfall und Übergang der Schale in den Schleppenrand beginnt.

Die seitlich gelegenen erhaltenen Theile der dünnen Schale, zeigen eine durch weitständige scharfe, feine Rippen und einzelne concentrische Linien verzierte Oberfläche. Drei Rippen auf 1mm Breite. Die Zwischenräume doppelt so breit, als die Rippen.

B. Verwandte schon bekannter Arten.

Productus aff. *hemisphaericus*

Taf. I, Fig. 3 u. Taf. II, Fig. 10.

Es liegen zwei Analoga der bei Davidson (Britt. Carb. Brach., Taf. XL, Fig. 4—8) abgebildeten Varietäten von *Prod. hemisphaericus* vor. Das specielle Merkmal liegt bei Fig. 10 in der Verschiedenheit und Anordnung der Berippung. Seiten und Ohrenflächen sind von feineren, reichlicher dichotomen etwas welligen und auswärts gebogenen Rippenlinien (12—15 auf 5mm) bedeckt. Die mittlere Wölbungsfläche zeigt in der Mitte einen Büschel von enger stehenden, schmäleren Haupt- und Intercalarrippen (10 auf 5mm) und beiderseits davon stärkere, stramme Hauptrippen (6—7 auf 5mm), welche erst gegen den Rand zu Intercalationen oder Dichotomie zeigen. Bemerkenswerth ist überdies, dass auf den grossen vorspringenden, schwach convexen Ohrenflächen 9—10 deutliche Falten markirt sind, während auf der Fläche der Hauptwölbung ringförmige Streifen oder Falten kaum schwach hervortreten.

Für Fig. 3 ist die doppelte Reihe von intercostalen Stachelporen, welche wie bei Fig. 4 (*Prod. crenulatocostatus*) auf die rauhe Bekleidung der Innenseite der Ventralklappe schliessen lassen, bemerkenswerth.

Productus Lenzi n. f.

Taf. II, Fig. 4.

Die kleine elegante Form schliesst sich gleichfalls noch an *Prod. hemisphaericus* an und müsste nach Davidson somit wie diese Form als Varietät in den Formenkreis von *Prod. giganteus* gestellt werden.

Die besonderen Merkmale liegen in der für die geringe Grösse auffallenden Höhe der Wölbung des schmäleren Buckels und damit im Zusammenhang in dem stärkeren Absatz gegen die grösseren Ohrenflächen und dem schärferen Hervortreten des gespitzteren Schnabels. Die Unterscheidungskennzeichen der Schalenverzierung liegen in der auffallend regelmässigen Intercalation von feineren Zwischenrippen etwa unter dem oberen Drittheil der Schalenhöhe zu beiden Seiten von zwei erst randwärts durch eine feinere Zwischenrippe getrennten mittleren Hauptrippen, in der grösseren Rückenschärfe der Rippen, sowie in den sehr schwachen aber über die ganze Convexfläche vertheilten Ringfurchen und Schwellungen. Im Übrigen ist der Umriss fast quadratisch. Länge der Schlosslinie und Mediandurchmesser halten sich ziemlich gleich zwischen 16 und 18^{mm}. — Wölbungshöhe der Convexklappe 7^{mm}. Auf 1^{mm} entfallen auf dem Buckel 3—4, am Rande 2—3 Rippenlinien. Die Schale ist nur in der Schnabelgegend etwas dicker, im Übrigen ziemlich dünn. Unter der Lupe sieht man auf den Rippen hin und wieder vertiefte Punkte, welche als Ansatzspuren feiner Stacheln gedeutet werden können.

Productus crassus n. f.

Taf. II, Fig. 2 und 3.

Die im Umriss fast quadratische Form zeichnet sich durch auffallende Dickschaligkeit, stark nach unten einwärts gebogene Form der Convexklappe und feine, gleichförmig dichte Streifung aus. Concentrische Streifung, Furchung oder Wellung fehlt auf der grossen Klappe ganz oder ist kaum merklich angedeutet.

Die Zugehörigkeit von Fig. 3 als Concavklappe ist wahrscheinlich. Dieselbe zeigt durchaus schwache concentrische Furchen, wie die kleine Klappe von *Prod.* cf. *hemisphaericus* (Taf. I, Fig. 3). Da übrigens auch bei dieser Form die Convexschale nur sehr schwache Andeutungen von Ringen hat, so wäre dieser Unterschied nicht auffallend. Übrigens gehört *Prod. crassus* wohl in dieselbe Gruppe wie *Prod. hemisphaericus.*

Die abgebildete Convexklappe hat bei etwa 36^{mm} Schlossrandlänge einen Querdurchmesser von 38 und einen Mediandurchmesser von etwa 40^{mm}, eine Wölbungshöhe von 20^{mm} und eine grösste Schalendicke von 6—8^{mm}. — Im mittleren Theile der Wölbung fallen drei, am Rande zwei Rippenlinien auf 1^{mm} Breite.

Productus sp.

Taf. II, Fig. 9.

Dieser Abdruck der concaven Aussenfläche einer Dorsalklappe deutet auf das Vorkommen von grossen Individuen aus der Gruppe des *Prod. giganteus* oder des *Prod. semireticulatus.* Eine nähere Bestimmung ist bei einem so mangelhaften Rest nicht zu machen.

Bemerkenswerth ist die scharf abgegrenzte Form der Ohrenpartie, welche vorspringend, oben und seitlich flach gedrückt war, sowie die plattgedrückte, mit scharfen concentrischen Furchen ausgestattete Mittelfläche. Die Schlosslinie war allem Anscheine nach kürzer als der Durchmesser über die Ohrenenden. Über die Ohrenlappen gemessen betrug der Querdurchmesser über 62^{mm}.

Productus cf. *margaritaceus* Phill.

Taf. II, Fig. 5 u. 6.

Das Bruchstück einer Convexklappe mit Partien von wohlerhaltener Schalenoberfläche, Fig. 5, sowie der Kittabdruck Fig. 6, welcher eine halbe Convexklappe mit Spuren von Röhrenstacheln in der Nähe des Schlossrandes darstellt, stimmen mit der Beschreibung und mit den bei Davidson (Brit. Carb. Brach., Taf. XLIV, Fig. 5—7) gegebenen Abbildungen von *Prod. margaritaceus* so nahe überein, dass bei vollkommener Erhaltung sich die directe Zustellung gewiss rechtfertigen liesse. Die erhaltenen Theile der Schalenoberfläche zeigen die gleiche concentrische Verzierung der berippten Schale, wie sie Fig. 5—6 auf der citirten Tafel zeigen.

Productus aff. *undiferus* de Kon.

Taf. II, Fig. 8.

Die kleine, stark gewölbte und mit zugespitztem Schnabel versehene Convexklappe stimmt fast in allen Merkmalen sehr nahe mit der Beschreibung, welche de Koninck (Monogr., p. 57) von dieser Art gibt. Ein Unterschied, welcher vielleicht ausreicht, um eine Varietät zu constatiren, besteht nur in der glatteren, von Stachelspuren fast freien Beschaffenheit der gegen den Rand zu merklich an Breite zunehmenden rundrückigen Rippen.

Grössenverhältnisse: Schlosslinie 8—9^{mm}. — Querdurchmesser der Schale 10—11^{mm}. — Mediandurchmesser 9—10^{mm}. — Wölbungshöhe 4^{mm}. — In der mittleren Randpartie kommen 10—12 Rippen auf eine Strecke von 5^{mm}.

Productus subtesselatus n. f.

Taf. II, Fig. 7.

Durch die für die geringe Dimension der Schale starke und breite Berippung in Verbindung mit ebenfalls verhältnissmässig kräftig abgesetzten concentrischen Ringen ist eine gewisse Analogie mit dem Verzierungshabitus von *Prod. tesselatus* de Kon. hergestellt. Die Gestalt der kleinen Convexklappe entspricht jedoch weder dieser noch der vorbeschriebenen Form. Die Klappe ist flach, nur im mittleren länglichen Buckel stärker aufgewölbt, der Schnabel klein, kaum über die Schlosslinie vorragend, nicht eingebogen. Die flachen Ohrenflächen sind mässig scharf gegen die Mittelwölbung abgesetzt. Die rundrückigen Rippen (30—32) werden randwärts merklich breiter, besonders im Mitteltheil und sind durch enge, scharfe Furchen getrennt. Am Rande schieben sich hin und wieder Zwischenrippen ein. Man zählt etwa 10 stärkere concentrische Ringe, ausserdem sind unter der Lupe auch noch sehr schwache, feinere concentrische Linien bemerkbar. Schlosslinie und Querdurchmesser sind gleich etwa 4^{mm}. — Mediandurchmesser 4·5—5^{mm}. — Wölbungshöhe 1·5^{mm}.

Athyris cf. *subtilita* Hall.

Taf. II, Fig. 11.

Man dürfte es hier wahrscheinlich mit Jugendformen zu thun haben, welche zu Formen aus der Gruppe der *Athyris subtilita* gehören. Die kleinen Exemplare zeigen durchgehends deutlich die schmale Mittelfurche auf der grossen Klappe, deutliche concentrische Ringe und eine fasrige Schalenstructur. Auch die starke Wölbung und die Schnabelpartie und der allgemeine Umriss spricht nicht gegen die Wahrscheinlichkeit einer Verbindung mit ausgewachsenen Exemplaren vom Habitus der bei Davidson (l. c. Taf. XVII, Fig. 10) als *Athyris subtilita* abgebildeten Form aus dem Kohlenkalk von Kendal.

Athyris cf. *Archimedis* Stach.

Taf. II, Fig. 12.

Die schwach gewölbte, spitz dreiseitige, mit scharfer Mittelfurche und starken concentrischen Wachsthumsringen versehene kleine Form, zeigt eine auffallende Ähnlichkeit mit der von mir (Fauna der *Bellerophon*-Kalke Südtirols, Nr. II, Taf. III, Fig. 9) abgebildeten Form aus dem variablen Formenkreis der *Spirigera Janiceps* Stache. Die ganze Gruppe hat bereits Verwandte im Devon, dürfte auch mit der Gruppe der *Spirigera subtilita* zusammenhängen und tritt in den Alpen noch in den Grenzschichten zwischen Permformation und Trias auf.

Athyris cf. *ambigua* Sow.

Taf. II, Fig. 13.

Eine kleine Klappe ohne oberste Schalenschicht, welche ohne Bedenken einer der zahlreichen Varietäten von *Athyris ambigua* beigesellt werden kann. Unter den von Davidson (Brit. Carb. Brach., Taf. XV) abgebildeten Formen entspricht die kleinere Klappe von Fig. 20 am besten. Auch die gleichen concentrischen Ringe sind auf dem afrikanischen Exemplar noch sichtbar. Ein Unterschied liegt vielleicht nur darin, dass die mittlere sattelförmige Erhöhung noch schwächer markirt ist, als auf dem Exemplar von Carluke (Lenarkshire). Eine Mittelfurche ist auch bei dem afrikanischen Exemplar nicht angedeutet.

Streptorhynchus crenistria Phill.

Taf. II, Fig. 14 und 15.

Es kann kaum einem Zweifel unterliegen, dass die beiden Reste zu der grossen an Varietäten reichen Gruppe von *Streptorhynchus* gehören, welche Davidson unter dem Sammelnamen „*crenistria*“ vereinigt. Beide Reste gehören kleineren Klappen von Varietäten an, wie sie Davidson (Britt. Carb. Brach., Taf. XXVII) abbildet. Der grosse Rest, Fig. 15, dürfte in Umriss und Wölbung der Fig. 2. var. *senilis* Phill. näher stehen. In der Berippung schliesst er sich mehr an die var. *Kellii* M'Coy an, ist jedoch auch derjenigen von Fig. 9 (var. *cylindrica* M'Coy) und noch mehr derjenigen von *Strept. crenistria* (l. c. Taf. XXVI, Fig. 1) verwandt. Mit devonischen Varietäten der Gruppe zeigen sich keine gleich nahen Beziehungen. Das an diesem Einzelrest haftende Gestein ist ein dunkler sandiger Kalk, welcher gewissermassen zwischen dem lichteren Spiriferensandstein und dem dunklen Productenkalk steht.

Der kleine Rest, Fig. 14, hat eine stärkere mittlere Wölbungsanlage und dürfte etwa eine kleine Klappe von ähnlicher Form wie Davidson's Fig. 4 von var. *senilis* gehabt haben. Die Schalenverzierung dieses Restes besteht, wie bei der in Wölbung und Umriss wahrscheinlich minder übereinstimmenden Schale des Exemplars aus dem Bergkalk von Kendal in der Einschiebung von 3—5 feinen gleichartigen Radialstreifen zwischen die mässig weitständigen Hauptrippen und die Kreuzung der Rippenlinien durch feine, dicht stehende concentrische Linien. Dies erinnert auch an die Verzierung des *Aviculopecten papyraceus* M'Coy; doch ist die Beziehung des Restes auf diese Kohlenkalkform ausgeschlossen. Die Hauptrippen sind bei dem afrikanischen Exemplare minder stark als bei dem von Kendal.

Dasselbe stammt aus dem dunklen, körnigen Kohlenkalk mit minder wohlerhaltenen Productenresten. Es kommen in diesem Gestein übrigens auch kleinere Schalenbruchstücke Fig. 15 d von scharfrippigen Varietäten von *Strept. crenistria* vor, welche der afrikanischen Var. Fig. 15 (mit ein bis zwei Secundärrippen zwischen den stärkeren Hauptrippen) näher stehen, als der afrikanischen Varietät, Fig. 14.

Die Erhaltung aller dieser Reste ist zu unvollständig, um besondere Varietäten mit Namen zu fixiren. Es genügt zu constatiren, dass die Gruppe von *Strept. crenistria* im afrikanischen Kohlenkalk mit Varietäten vertreten ist, welche den bekannten Kohlenkalkvarietäten näher stehen, als den devonischen.

Pleurotomaria sp..

Taf. II, Fig. 16.

Der Steinkern ist zu stark corrodirt, als dass ein Vergleich mit einer der aus dem Kohlenkalk beschriebenen Formen gewagt werden könnte. Derselbe gehört einer ziemlich grossen, weitgenabelten Form an. Ein kleines Stück der schwach gewölbten Basalfläche zwischen der auseinander gesprengten vorletzten und drittletzten Windung zeigt eine feine spirale Streifung durch eng aneinanderstehende Leistlinien. Man kann vermuthen, dass auch die gewölbten Seitenflächen ähnlich gestreift waren. Die Form würde dann einen Vergleichungspunkt mit der, etwas grössere Dimensionen erreichenden *Pleurotomaria Griffithii* M'Coy bieten. (Vergl. de Koninck, Descript. etc. Suppl. 1851, Taf. LVIII, Fig. 10.)

2. Petrefacten aus den Sandsteinschichten der Mittelregion.

Taf. III.

Der Umstand, dass die in Sandsteinmaterial eingebetteten und zum Theil nur als Sandstein-Steinkerne erhaltenen Reste durch ihre mangelhafte Erhaltung den Vergleich mit bekannten Arten unsicher erscheinen lassen, ist nicht ausreichend, um von einer Repräsentation derselben gänzlich abzustehen.

Es liegt die Möglichkeit vor, dass durch diese Schichten nicht nur eine besondere Facies des afrikanischen Kohlenkalkes, sondern zugleich auch die Vertretung des für die zweite Hauptabtheilung des belgischen Kohlenkalkes charakteristischen Haupthorizontes mit *Spirifer Mosquensis* angedeutet sein könnte. Jedenfalls beansprucht desshalb die Analogie einiger Spiriferenreste mit entsprechenden Theilen der genannten Kohlenkalkform einiges Interesse; denn es würde die Thatsache der grossen Verbreitung des Untercarbon in der Sahara noch an Wichtigkeit gewinnen, wenn die Gliederung desselben sich als eine der Gliederung des belgischen Kohlenkalkes analoge dadurch erweisen würde, dass ausser der Etage du Calcaire de Visé auch Gosselet's untere Etage du Calcaire de Tournay in der West-Sahara vertreten wäre.

Rhynchonella sp. aff. *Rh. Carringtoniana* Dav.

Taf. III, Fig. 12.

Dieses Bruchstück eines Steinkerns von festerem Sandstein kann nicht leicht etwas Anderes vorstellen, als das breite Mittelfeld einer Dorsalklappe mit Theilen der eingedrückten Seitenflügel einer *Rhynchonella* oder *Camerophoria*. Dieses Mittelfeld ist mässig über die Seitenflügel herausgehoben, vom Scheitel zum Rande flach convex gebogen, der Quere nach nur platt gewölbt: es zeigt sechs starke Rippen von welchen die beiden Grenzrippen gegen den Abfall zu den Flügeln die schwächeren sind. Bei einer unteren Randbreite von 18^{mm} hat es einen Mediandurchmesser von 22^{mm}. Da die Spitze und die untere Randpartie etwas abgewetzt sind, war dieser Durchmesser grösser, wahrscheinlich etwa 26^{mm}. Von den beiden Flügeln sind nur jederseits zwei kleine Partien erhalten, von denen die eine zwei bogig verlaufende Rippen zeigt.

Alle diese Verhältnisse stimmen sehr nahe mit den Eigenschaften, welche im correspondirenden Theile die Dorsalklappen der von Davidson (Brit. Carb. Brach., Taf. XXIII, Fig. 22 und Taf. LIII, Fig. 1 und 2) abgebildeten und als *Rhynchonella? Carringtoniana*, S. 227 beschriebenen Exemplare zeigen. Am nächsten steht unter den Individuen das aus dem Bergkalk von Wetton (Staffordshire) Fig. 2 der Taf. LIII.

Davidson bemerkt übrigens p. 228, dass die Möglichkeit nicht ausgeschlossen sei, dass diese Art zu *Camerophoria* gehöre.

Productus aff. *margaritaceus* Phill.

Taf. III, Fig. 9.

Das mit Schale erhaltene Exemplar einer Convexklappe stimmt sehr nahe mit den längeren, stachelfreien Varietäten dieser Art, wie sie etwa das bei Davidson (Brit. Carb. foss., Taf. XLIV, Fig. 6) abgebildete Exemplar zeigt, überein. Die Schale der afrikanischen Varietät ist dünnschalig und zeigt auf den über einander liegenden oberen Schalenschichten eine durchaus analoge Beschaffenheit, wie sie Davidson (l. c. Fig. 56) für *Prod. margaritaceus* angibt.

Productus sp.

Taf. III, Fig. 10.

Ein Steinkern der Ventralklappe einer wahrscheinlich dünnschaligen Form.

Von der kalkigen Schale sind nur körnige umkrystallisirte Reste in den Poren und grösseren Hohlräumen und Fugen der oberen Schicht der sandigen Ausfüllungsmasse zurückgeblieben. Auf der inneren Seite desselben Stückes befindet sich der Abdruck des zu *Spirifer Lenzi* gestellten Restes.

Obgleich bei der ungenügenden Erhaltung des Restes weder eine Fixirung als neue Form, noch ein genauerer Vergleich mit bekannten Formen möglich ist, verdient derselbe doch desshalb der Erwähnung, weil er auf keine der anderen afrikanischen Formen bezogen werden kann.

Die Schlosslänge der stark und nicht ganz symmetrisch gewölbten Klappe erreicht nicht ganz den grössten parallelen Hauptdurchmesser der Schale. Der Schnabelbuckel war breit. Spuren von radialen Rippenlinien, sowie von concentrischen Depressionen und Leisten sind noch zu bemerken. Das unterscheidende Hauptmerkmal liegt in der Ausbildung der kleinen Ohren. Dieselben sind durch eine furchenartige Depression, die in einen schwachen Ausschnitt verläuft, von der starken Wölbung schärfer als gewöhnlich markirt und mit einer kleinen abgestumpften Spitze vorspringend.

Grössenverhältnisse: Schlosslinie 24^{mm}. — Querdurchmesser 30^{mm}. — Medianaxe 22^{mm}. — Wölbungshöhe 12^{mm}. — Eine gewisse Analogie in Umriss, Wölbung und Ohren zeigt die von Geinitz (Dyas, Tab. XVIII, Fig. 26) gegebene Abbildung von *Prod. Cancrini* de Vern.

Spirifer sp.

Taf. III, Fig. 8.

Der Kittabdruck des als Eindruck im Sandstein erhaltenen Restes, stellt den grösseren Theil einer kleinen Klappe mit platter mittlerer Sattelwulst dar. Der ergänzte Umriss des Abdrucks, sowie der ganze Habitus der Berippung, welche derselbe erkennen lässt, stimmen sehr gut zu den weiter unten (p. 36) aus den Crinoidenmergeln als *Spirifer Lenzi* beschriebenen grossen, glattgebuchteten Klappen.

Spirifer cf. *distans* Sow.

Taf. III, Fig. 3.

Da die vorbeschriebenen Producten für die Zugehörigkeit auch dieses Sandsteins mit Spiriferen zum unteren Carbon einen ausreichenden Beweis liefern, ist das Aufsuchen von vergleichbaren Kohlenkalk-Spiriferen für die afrikanischen Reste näher liegend, als Herbeiziehung älterer Formen. Da die Oberschale der vorliegenden grossen Klappe abgerieben und nur der dickschalige Theil erhalten blieb, so beschränken sich die vergleichbaren Merkmale vorzugsweise auf das Schlossfeld, den Schnabel und die Mittelbucht.

Unter den carbonischen Spiriferen gibt es nun keinen, der hinsichtlich der Ausbildung dieser Theile eine gleich nahe Verwandtschaft zeigt, als *Spirifer distans* Sow. Speciell sind dabei die von Davidson (Britt. Carb. Brach., Taf. VIII, Fig. 2—8) gegebenen Abbildungen in Betracht zu ziehen.

Spirifer cf. *Mosquensis* Fisch.

Taf. III. Fig. 1 und 2.

In ein und demselben Gesteinsstück befinden sich zwei Reste, deren Zugehörigkeit zu derselben Form, wahrscheinlich aber allerdings nicht direct nachweisbar ist.

Beide haben Merkmale, welche auf einen Vergleich mit *Sp. Mosquensis* Fisch. führen. Fig. 1 stellt die Ergänzung des einen der beiden Reste dar. Es ist dies der in Kitt abgenommene Abdruck der Hälfte einer grösseren Klappe. Derselbe lässt sich kaum anders naturgemäss zu dem vollständigen Umriss ergänzen, als in der Weise, dass dieser Umriss mit solchen von dem vielgestaltigen *Sp. Mosquensis* Ähnlichkeit erhält. (Vergl. Trautschold, Kalkbr. von Mjatschkowa, Monogr. d. ob. Bergk., Taf. XXXVI, besonders die unten breiteren, einfacher oder mit schwacher Buchtung gerandeten Formen.) Die Anzahl, Breite und steifere Streckung der flachen Rippen stimmt viel besser zu *Mosquensis*-Formen als zu Varietäten der gleichfalls in Betracht zu nehmenden Gruppe des *Sp. striatus* Mart.

Ebenso ist die Gruppirung und das stärkere Hervortreten von concentrischen Wachsthumsstreifen in der Zone der Schale parallel zur Umrandung ein mit dem Habitus der *Mosquensis*-Formen verknüpftes Merkmal.

Der Rest, Fig. 2, zeigt das abgewetzte Schnabelstück einer grossen Klappe mit hoher Area und starkem Ausschnitt. Man kann sich dasselbe sehr wohl zu einer *Mosquensis*-Form ergänzt denken. Die Beziehung auf

Formen, wie sie Trautschold (l. c. Nouv. Mém., Taf. XXXVI und Taf. XXXVII, Fig. 1) abbildet, ist ziemlich nahe liegend.

Wenigstens kenne ich keinen *Spirifer*, mit dem engere Beziehungen aufzuspüren wären. Überdies ist auch die leichte Ablösbarkeit der breiten Flankentheile von dem mittleren Schnabel und Sinusstück und das Zerfallen dieses Mittelabschnittes in eine Anzahl von (4—6) vom Schnabel abwärts sich gegen einander auskeilenden, schmalen Seitenlamellen und einem nicht bis zum Schnabel reichenden unpaaren Sinusstück, welches dieser Rest, sowie der auf *Sp. distans* bezogene Rest, Fig. 3, zeigt, gerade bei *Sp. Mosquensis* gut zu erkennen. Ein typisches Exemplar von *Sp. Mosquensis* aus den Südalpen weist diese Trennungslinien deutlich auf.

Spirifer sp.
Taf. III, Fig. 4—7.

Es liegt die Vermuthung nahe, dass alle diese losen Flankenstücke dickschaliger Spiriferen von abgescheuerten und in ihre Theile zerfallenen Schnabelklappen verschiedener Formen aus der Gruppe des *Spirifer Mosquensis* herstammen.

Wenn man sich z. B. Formen, wie die bei Davidson (l. c. p. 22) zur Verdeutlichung des Baues der starken Septa (Zahnplatten) abgebildeten, zerfallen und mit abgewetztem Schnabel und unten stärker seitlich abgeschliffenem Schalenrand vorstellt, werden daraus, abgesehen von den etwas niedrigeren Arealfeldern zwei mit Fig. 4 und 5 sehr ähnliche Körper hergestellt sein. Fig. 5 zeigt überdies auch noch Spuren der Rippenstreifen.

Favosites? Africana n. f. cf. *parasitica* Phill. sp.
Taf. III, Fig. 14.

Ein unsymmetrisch keulenförmiger, parasitisch um eine fremdartige, stengelartige Axe gewachsener kleiner Korallenstock. Der sonderbare Korallenkörper hat mit keinem anderen paläozoischen Fossil eine gleichgrosse Analogie als mit dem von Milne & Haime (Corals from the Mountain limestone, p. 153, Taf. 45, Fig. 2) beschriebenen *Favosites parasitica* (*Calamopora favositica* Phill. Geol. of Yorkshire, Vol. II, p. 201, Taf. 1, Fig. 61 und 62).

Die Zugehörigkeit zu *Favosites* lässt sich allerdings nicht ganz zweifellos darthun, weil der Erhaltungszustand den Nachweis perforirter Wandung nicht mit Sicherheit gestattet. Im Übrigen ist der Habitus eines *Favosites* mit sehr ungleichen Kelchumrissen, wie ihn der einzige carbonische *Favosites* (bisher aus englischem und nordamerikanischem Kohlenkalk bekannt) und etwa auch der silurische *Favosites Forbesi* zeigt, gewahrt.

Der Hauptunterschied der afrikanischen Form gegen die beiden genannten liegt in der grösseren Weite der Kelchschläuche, welche besser zu *Beaumontia* stimmt. Während die grösste Weite bei der citirten *Favosites parasitica* 1—1¹/₂ Linien oder etwa 2—4ᵐᵐ beträgt, sind bei der Var. „*Africana*" Durchmesser von 4—7ᵐᵐ vorherrschend und nur in den kleinen Zwischenecken sind Zellen (Kammern) von 1—2ᵐᵐ Durchmesser eingeschoben. Auf dem Scheitel und um die Basis herum sind Zellen von 2—4ᵐᵐ Durchmesser gruppirt. Die Form der Querschnitte (und demnach auch entsprechend der nicht mehr erhaltenen äusseren Mündungsnäpfe) ist ungleich polyëdrisch, gewöhnlich vier-, fünf- und sechsseitig, bei den Ansatzkammern der Schläuche (Zwischenzellen) zuweilen auch dreiseitig.

Man könnte an einen Vergleich mit dem unterdevonischen *Pleurodictyum americanum* Röm. (Leth., Taf. 23, Fig. 2) denken, wenn nicht das Vorhandensein von Querböden eine directere Zustellung der afrikanischen Form zu *Favosites* verlangte. Das parasitische Wachsthum um eine fremdartige Axe zeigt die Analogie mit der carbonischen *Fav. parasitica* Phill. Der Unterschied in dieser Beziehung liegt vorzugsweise darin, dass diese Axe aufgewachsen war und im Umkreise der Anwachsungsstelle von *Favosites*-Zellen umwallt ist und dass das obere Axenende von dem Favositiden in hoher Wölbung vollständig überwuchert erscheint. Die Kammern sind vorwiegend mit dem rauhen, gelblichen Sandsteinmaterial ausgefüllt, nur stellenweise mit drusigem Kalkspath. Kleinere Zellen sind zuweilen ganz kalkig. Die Seitenwände sind meist kalkig incrustirt, ebenso die schwach convexen Querböden, welche in den sandigen Partien fast immer resorbirt wurden.

3. Lose und zum Theil gesteinsfreie Petrefacten aus der Hammada zwischen Fum-el-Hossau und Igidi.

Taf. IV, V und VI.

Den Korallen und Crinoideen-Resten, welche Lenz an verschiedenen Punkten der bezeichneten Strecke sammelte, mag ein besonderes Capitel gewidmet bleiben. Besonders die letzteren scheinen eine allgemeinere Verbreitung zu haben und in ausgewittertem Zustande auf den Schichtflächen der Hammada herumzuliegen. Der ungleichartige Zustand der Erhaltung und Petrification, sowie die verschiedene Beschaffenheit des anhaftenden oder die Hohlräume dieser Versteinerungen ausfüllenden Gesteins lassen auf die Herkunft aus verschiedenartigen Schichtenlagen schliessen. Zum grösseren Theil lässt sich die Übereinstimmung mit dem petrographischen Charakter des Productenkalkes oder des gelben Sandsteins mit Spiriferenresten erkennen. Es unterliegt für mich keinen Zweifel, dass der weitaus überwiegende Theil auch dieser Reste aus Schichten des Kohlenkalkcomplexes der Steinwüste stammen.

a. Korallen.

Taf. IV.

Die sechs vorliegenden verschiedenartigen Korallen gehören, bei Berücksichtigung des Petrifications- und Erhaltungszustandes drei verschiedenen Localitäten, eventuell drei verschiedenen Schichtenlagen an. Ein grosses *Cyathophyllum* stammt aus dunklen Kalkschichten, die kleinen, gleichfalls zu *Cyathophyllum* gehörenden Einzelkorallen dürften aus lichtgelben, weicheren Mergelschichten ausgelöst sein; endlich verrathen zwei kleine Einzelkorallen von zweifelhafter Stellung ihre Abstammung aus sandigem Muttergestein.

Cyathophyllum Khalifa n. f.

Taf. IV, Fig. 1.

Ein aus drei unten zusammengewachsenen, oben freien Kelchen bestehender Korallenstock.

Der zusammengewachsene Theil der Wandungen nimmt etwa $\frac{1}{5}$ der Peripherie des grösseren Drillings ein. Die Gestalt der Einzelkoralle ist unsymmetrisch becherförmig, mit stärkerer Wölbung der freien Wandung.

Der Umriss des äusseren Kelchrandes ist breit-oval, fast kreisrund. Von ähnlicher Form ist die weite und tiefe, napfförmige Kelchgrube. Stärkere peripherische Anschwellungen wiederholen sich und erscheinen an den Stellen der Seitenwände, wo die Epidermalschicht nicht abgerieben ist, als ungleich weit abstehende und wellig geschwungene, wulstige Ringe, mit zwischengeschobenen schwächeren Wulstbändern. Die Furchen, welche die Wulstringe trennen, sind zum Theil sehr scharf eingeschnitten.

Die Höhe des besterhaltenen der drei verwachsenen Stücke beträgt 60^{mm} und dürfte bei vollständiger Erhaltung der Basis 70—80^{mm} erreicht haben. Der grösste Durchmesser des Kelches im äusseren Kreise hat 54^{mm}, im inneren (Kelchhöhle) etwa 24^{mm}, die Tiefe 14^{mm}. Man zählt etwa 100, in der breiten, schwach convexen Randzone sehr regelmässig 1^{mm} bis 1$\frac{1}{2}$ ^{mm} von einander abstehende dünne Septa. Dieselben erscheinen ziemlich gleichförmig auf den glatt gescheuerten Stellen der Seitenwände. Auf der Rand- und inneren Wandfläche des Kelches jedoch ist ein regelmässiger Wechsel von etwas stärkeren mit feineren Septallinien erkennbar und überdies eine feine knötchenartige Verdickung an den Kreuzungsstellen mit den Querböden.

Die meisten Vergleichungspunkte bietet *Cyathophyllum Stutchburyi* M. Edw. u. Haime (Corals from the Mountain Limestone, Palaeont. Soc. 1852, p. 179, Taf. XXXI, Fig. 1—2; Taf. XXXIII, Fig. 4. Die Autoren weisen auf die Verwandtschaft mit *C. helianthoides* und *C. regium* hin, heben aber als Unterschied hervor, dass *Cyath. Stutchburyi* immer als Einzelkoralle vorkommt, und dass die Septa dicker und die Tabulae stärker entwickelt sind.

386   *Guido Stache.*

Das schöne afrikanische Exemplar steht der kurzen Abänderung l. c. Taf XXXI, Fig. 1 näher als der langen, Fig. 2, und zeigt im Verticalschnitt ein der Structurform von *Cyath. Stutchburyi* l. c. Taf. XXXIII, Fig. 4 analoges Bild.

Wie bei dem Korallenkelch aus dem englischen Kohlenkalk ist auch bei *Cyath. Khalifa* eine schmale Septalfurche in der ziemlich weiten Centralgrube des Kelches angedeutet.

Es unterscheidet sich davon dadurch, dass nur etwa 100 (statt 120—140) Septa im grössten Kreise zu zählen sind, und dass feine und stärkere Septa regelmässig im Kelchraum alterniren. Überdies zeigen die Septa hier auch Anlage zu einer crenelirten Beschaffenheit, wie bei *Cyath. dianthoides.* Endlich ist es ein Drillingsstock, welcher äusserlich an den Zwilling von *Cyath. regium* M. Edw. u. Haime (l. c. Taf. XXXII, Fig. 4) erinnert, aber nur eine Verwachsung von drei Kelchsprossen und nicht eine dichotome Sprossungsform wie dieser vorstellt.

Cyathophyllum sp.

Taf. IV, Fig. 2.

Die glatt gewetzte Einzelkoralle von hoch und schmal unsymmetrisch gewölbter pokalförmiger Gestalt zeigt eine schwache Abschnürung der abgestumpften Basis und einen scharfrandigen mässig eingetieften subovalen Kelch. Bei 37ᵐᵐ Höhe hat das Stück Kelchdurchmesser von 24ᵐᵐ und 21ᵐᵐ. Epithek und Wachsthumsringe sind verschwunden. Im Kelchraum und an der Seitenwandung stehen nur die primären Septa deutlich rippenartig vor. Nur im oberen Theil zeigen die Querschnitte eine Art falscher Axe durch Ausfüllung mit Kalkspath und Resorption der inneren Septalpartien und des interseptalen Maschennetzes. Der der Basis näher geführte Schnitt zeigt die axale Vereinigung der unregelmässig gebogenen und zusammenfliessenden Septalstrahlen.

Auch der Verticalschnitt lässt trotz aller durch den Erhaltungszustand bedingten Unvollkommenheit die Zustellung zu *Axophyllum* oder selbst zu *Clisiophyllum*, welche etwa in Betracht kommen könnten, minder leicht rechtfertigen.

Cyathophyllum sp.

Taf. IV, Fig. 3.

Die stark glatt gewetzte Einzelkoralle liegt nur in einer den natürlichen Verticalschnitt zeigenden Hälfte vor. Dieselbe weicht durch die kürzere, unten gespitzte, oben breitere, stärker ungleich gewölbte und etwas hornartig gekrümmte Form, sowie durch die grössere Zahl, feinere Beschaffenheit und regelmässigere Anordnung der Primär- und Zwischensepta von der vorbeschriebenen Koralle ab. Überdiess vereinigen sich die schwach bogigen, minder strammlinig ausstrahlenden Septallinien auch in der Kelchgrube schon in der Axenlinie, so dass hier die Möglichkeit seiner Zugehörigkeit zu einem der oben genannten Genera gar nicht in Betracht zu ziehen ist. Auch die dichtere und zartere Beschaffenheit des interseptalen Maschennetzes bedingt einen Unterschied.

Bei einer Höhe von 30ᵐᵐ und einem Kelchdurchmesser von 22ᵐᵐ zeigt die Koralle 34 Primärsepta.

Hadrophyllum ? sp.

Taf. IV, Fig. 4.

Die glatt abgewetzte Einzelkoralle mit schiefem Naturanschliff der Kelchpartie mit seitlicher stark markirter Septalrippung und Spuren stärkerer Wachsthumsabschnürungen lässt sich auf Grund des Horizontalschnittes, welcher, wenngleich nicht mit der Deutlichkeit wie de Koninck's *Hadrophyllum Edwardsianum* (Nouv. Recherches etc. I. part. 1872, Taf. IV, Fig. 2 a) vier gegenständige Septalfurchen erkennen lässt, nicht leicht bei einem anderen Genus unterbringen.

Der Erhaltungszustand dieser drei Einzelkorallen (dichte lichtgelbe kalkige Versteinerungsmasse mit Ausfüllung der interseptalen Maschen und durch Resorption der Wandungen entstandenen Hohlräume durch spathigen Kalk) deutet auf Herstammung aus weicheren gelblichen Mergelschichten. Alter unsicher.

Duncania ? sp.

Taf. IV, Fig. 5.

Dieses Basalstück einer wahrscheinlich längeren, oben abgebrochenen und seitlich gewetzten, abwärts bis zur gebogenen Spitze noch mit Epithek bekleideten Koralle ist nur unsicher auf Grund der Analogie eines nicht vollkommen scharfen Horizontalschnittes mit dem von de Koninck (l. c. Taf. XI, Fig. 1 a) gegebenen Horizontalschnitt von *Duncania simplex* de Kon. in dieser Weise untergebracht. Die krystallinische und sandige Beschaffenheit gestattete kein Urtheil über den Verticalschnitt. Die Möglichkeit der Zugehörigkeit zu *Zaphrentis* ist nicht ausgeschlossen.

Amplexus ? sp.

Taf. IV, Fig. 6.

Ebenso unsicher ist die Zustellung dieses nur in einer Hälfte mit natürlichem Verticalschnitte erhaltenen Restes. Die Disposition der Septa und der zur Hälfte erhaltenen weiten Septalgrube lässt den Vergleich mit verschiedenen *Amplexus*-Formen zu. Die gerade gestreckte, glatte, stramme Form und der Mangel an Wachsthumsringen, sowie die im Verticalschnitt, wenngleich nicht genügend scharf und klar angedeutete, eher bogige als ebene Form der Böden stimmen weniger.

Beide Reste stammen allem Anscheine nach aus sandigen Schichten von zweifelhaftem Alter.

b. Crinoideen-Reste (Entrochiten).

Taf. V und VI.

Dass ich mir die Mühe nahm, die zahlreichen einzelnen Säulenstücke von Crinoideen zu untersuchen, welche Lenz von verschiedenen Punkten des Weges durch die Steinwüste von Kum-el-Hossan über Tenduf bis zur Region der Flugsandhügel der Wüste von Igidi mitbrachte, kann trotz der geringen Werthschätzung, welche im Gegensatz zu den Kronen, Stiele und Stielglieder gewöhnlich finden, eventuell einen über den speciellen Zweck der möglichst vollständigen paläontologischen Charakterisirung der in der NW-Sahara verbreiteten Schichten hinausgehenden Nutzen mit sich bringen.

Da der Erhaltungszustand der freien Säulenstücke aus der Hammada zum grossen Theile sich gerade in Bezug auf denjenigen Theil als günstig erwies, über welchen meistentheils nichts gesagt werden kann oder nichts gesagt wird, nämlich in Bezug auf die inneren, den Nahrungscanal begrenzenden Wandungen der Säulenoder Stielglieder, so kam mir in Erinnerung, was Quenstedt in seiner Petrefactenkunde Deutschlands, 1876 (p. 639, I. Abth. Bd. IV), seinen Bemerkungen über die Eifeler Trochiten zu Gunsten der grösseren Beachtung der Stiele vorausschickt: „Wenn es auch nur selten möglich ist, die zugehörigen Kronen nachzuweisen, so sind sie doch öfter für sich schon ebenso wichtig, wie die Kronen selbst, deren Entzifferung häufig noch schwieriger ist, als die der Stiele.“

Die genaue Beschreibung der nicht nur bezüglich der äusseren Merkmale, sondern auch bezüglich der Architektur des Nahrungscanals und des entsprechenden natürlichen oder in Kittabdruck gewonnenen Schraubensteins variablen Entrochitenformen wird demnach als Vergleichungsmaterial für einschlägige paläontologische Zukunftsarbeiten Dienste erweisen können und die Aufmerksamkeit auf Merkmale lenken, welche bisher bei der Charakteristik dieser Theile der verschiedenen Encriniden-Gattungen und Arten noch wenig Beachtung gefunden haben. Bei der Variabilität der Glieder oder Gliedfolgen des Stieles derselben Art, ja desselben Exemplares, ist es wichtig, alle Merkmale zu prüfen. Erst wenn man in der Lage sein wird zu constatiren, welche Merkmale des einzelnen Stielgliedes oder der Gruppirung von Stielgliedern an eine bestimmte Gattung oder eine bestimmte Variation der Kronenform innerhalb der Gattung constant gebunden sind, wird man in der Lage sein, mindestens einen Theil der ihrer Häufigkeit wegen so beachtenswerthen Trochiten auch stratigraphisch verwerthen zu können.

Neben den Unterscheidungen äusserer Merkmale, auf welchen die Quenstedt'sche Gruppirung in *Entrochi mammillati, lacces, tornati, impares, cingulati, ligati, stellati* u. s. w. basirt ist, wird hier dem

yy *

Verhältniss der Canalweite zum Durchmesser der Gelenksfläche sowie der Beschaffenheit der Canalwände Rechnung getragen. Mögen nun alle diese Unterschiede auf eine ungleichartige Ausbildung an Stielen derselben Form oder auf einen grösseren Reichthum verschieden gestalteter Formen bezogen werden, immerhin wird ihre Markirung auch einen Beitrag zur Charakteristik der Crinoideen dieser neuen afrikanischen Kohlenkalkfauna liefern. Jedenfalls deutet das Material auf das Vorhandensein einer reichen, durch sehr grosse, dickstämmige Formen ausgezeichneten Encriniden-Fauna in den sandigen sowohl, wie in den kalkigen Schichtenlagen des Kohlenkalkcomplexes der West-Sahara. Überdies ist der Schluss, wenn auch nicht durch den Nachweis von Kronen oder grösseren Kronentheilen sicher gestellt, doch immerhin auf Grund einer Analogie der Stiele gerechtfertigt, dass die Gattung „*Poteriocrinus*" in überwiegendem Maasse an der Bildung dieser Fauna Theil nimmt.

Entrochi laeves Quenstedt. Petrefactenk. Encriniden, Taf. 112, Fig. 72—81.

Säulen mit aussen glattwandigen (Trochiten-) Gliedern und zitzenlosen Gelenkflächen überwiegen. Das Canalloch der einzelnen Glieder ist auf den Gelenkflächen mit feinen Strahlen umgeben, welche entweder die Canalkante erreichen oder durch eine strahlenfreie Circularzone von dem Canalloch getrennt werden. Die glatten Aussenflächen sind entweder eben, schwach convex oder schwach concav, demnach erscheinen die fein crenolirten Grenzlinien der Glieder entweder zart bis deutlicher eingetieft, oder auf schwacher erhöhter Leistlinie.

Die Canalöffnung ist sehr verschieden nach Grösse und Form und ebenso die inneren, den Canal begrenzenden Wände der Trochitenglieder. Überdies wird eine Ungleichheit der einzelnen Glieder entweder in regelmässigem Wechsel oder unregelmässiger, durch die Gelenksgruben oder Grubenspuren der Nebenarme nach Grösse und Vertheilung derselben hervorgebracht.

Unter dem afrikanischen Material herrschen Säulenstücke mit glattwandigen, vollstrahligen und gleichhohen, ebenflächigen Gliedern vor, wie sie besonders bei der Gattung *Poteriocrinus* üblich sind.

Ein grosser Wechsel jedoch, der eine speciellere Darstellung und Eintheilung verlangt, ist bezüglich der Ausbildung des Canals und seiner Wandungen und somit auch bezüglich der Schraubensteine zu constatiren. Als Anhaltspunkt für die allgemeine Gruppirung des Materials greifen wir zu dem äusserlichsten Merkmal zur Weite und Form des Canalloches der einzelnen Glieder. Solche Glieder, deren Öffnung oben und unten nicht den gleichartigen Umriss zeigt, kommen unter dem afrikanischen Material nicht vor. Ebenso wenig fand ich darunter Säulenstücke mit ungleichartig ausgebildeter Durchbohrung der Glieder in den entgegengesetzten Endpartien oder mit einem Wechsel von klein- und grosslöchrigen Gliedern. Gerundete und polygonale oder lappige Canalumrisse kommen gleichfalls nirgends an demselben Säulenstücke vor.

Vom Typus des Quenstedt'schen „*Laevis cavus*", bei dem der Canaldurchmesser die Hälfte des Gesammtdurchmessers der Gliedscheibe erreicht oder übertrifft, sind sichere und gute Vertreter nicht vorhanden.

Die meisten der vorhandenen Säulen und Säulenglieder haben Canaldurchmesser von $\frac{1}{2}$ bis $\frac{1}{3}$ des Gesammtdurchmessers oder solche, welche zwischen $\frac{1}{4}$ und $\frac{1}{7}$ messen. Die mittlere Weite von $\frac{1}{4}$ bis $\frac{1}{5}$ ist im Ganzen selten. Ausser von den „*Laeves cavi*" Quenstedt's wird man daher auch von *Entrochi ampli*, *angusti* und *perforati* sprechen können. Da eben auch in anderen Gruppen Entrochiten mit derartig verschieden weitem Nahrungscanal auftreten und überdies die Form desselben gerundet, pentagonal oder sternförmig sein kann, so erscheint es zweckmässiger in Fällen, wie der vorliegende, wo eine Zusammengehörigkeit von Stücken mit verschiedenem Canal in keinem Falle nachweisbar ist, die äussere Form des Canals zur allgemeineren Gruppirung zu verwenden.

Gruppe 1. Säulenglieder mit weitem, zum mindesten $\frac{1}{3}$ des Scheibendurchmessers erreichenden Canal.

Entrochi ampli et *cavi*. Taf. V, Fig. 1—17 und Taf. VI, Fig. 1.

Die Hauptunterschiede zwischen allen diesen in ihren äusseren Charakteren nur wenig auffallend differirenden Säulenstücken und Gliedern liegt in der verschiedenen Architectur der inneren, das Canalloch umgrenzenden

Wandungen der scheibenförmigen Glieder. Die Mittelzone der Wandung zwischen den verschiedenartig scharf einspringenden und crenulirten Grenzfurchen der Scheiben ist entweder verziert oder glatt. Glatte Wandzonen sind entweder concav oder convex bis eben. Die Verzierungen sind bald vorspringende Circularleisten, bald eingeschnittene Furchenlinien, bald quer gestellte Eindrücke und Erhöhungen (Grübchen, Warzen, Leisten).

Alle Lochumrisse sind gerundet, meist oval, seltener vollkommen kreisrund, noch seltener schwach polygonal. Sehr häufig kommt eine anormale Quetschung der Säulen vor, die zum Theil so weit geht, dass die Innenwände sich berühren. Es finden sich unter den glatten Formen mit weitem Canal drei Variationen bezüglich der Aussenflächen. Die glatten Aussenflächen sind nämlich entweder ganz eben und die crenelirte Nahtlinie liegt weder vertieft, noch verläuft sie auf erhöhter Grenzleiste (*Laeves plani*) oder dieselben sind leicht convex und die Naht vertieft (*Laeves incisi*) oder endlich die Naht ist wenig erhöht und die Flächen erscheinen schwach concav (*Laeves subtornati*). Man hat damit im ersten Falle den Übergang zu den eigentlichen *Tornati*.

A. Canalwände der Glieder glatt oder horizontal verziert.

a. Entrochi laeves plani sind in der Gruppe mit weitem Canal durch die Exemplare Taf. V, Fig. 1—7 vertreten. Diese Formen unterscheiden sich jedoch von einander mehrfach durch die Architektur der Canalwand und dürften wohl zu verschiedenen Formen derselben Gattung (*Poteriocrinus*) gehören.

Taf. V, Fig. 1. Säulenstück von 38^{mm} Höhe (27 Glieder). Die Durchmesser der ovalen Scheibenfläche betragen 14 und 12^{mm}, die entsprechenden Durchmesser des Canals 4·8 und 5^{mm}. Die Canalweite steht somit an der Minimalgrenze der Gruppe. Die Dicke oder Höhe der Scheibenwände schwankt zwischen 1 und 1·8^{mm}. Gewöhnlich liegt eine Gruppe von dünneren Scheiben zwischen einer Gruppe dickerer Scheiben, von denen je die dickste 2 bis 3 kleine Rankennarben mit feiner Canalöffnung zeigt. Das Säulenstück hat im Ganzen drei narbentragende Glieder. Um die Narben sind die Glieder etwas ausgeweitet. Die Gelenksflächen der scheibenförmigen Glieder sind kaum merklich eingetieft, fast eben, mit feinen, überwiegend schon unweit des Canalrandes dichotomirenden, seltener intercalirten Strahlen verziert. Die Strahlen sind mit freiem Auge sichtbar (am Canalrand 3—4, am Aussenrand 5—6 auf 1^{mm}).

Die innere Seite zeigt tief einschneidende, klaffende Nahtfurchen mit durch die Strahlenwurzeln gestreiften Wänden; die Mittelzone der Canalwandung der einzelnen Scheiben ist dadurch verengt und erscheint als glatte Furche zwischen den beiderseitig vorstehenden Grenzkanten gegen die schiefen Nahtfurchenflächen.

Der künstliche Schraubenstein zeigt die Nahtfurchen als schärfer crenelirte, vorstehende Kiele, die Mittelzone als stumpfere glatte Convexringe.

Einige Analogie bietet die *Poteriocrinus*-Säule Quenst. Taf. 108, Fig. 42, p. 526.

Die Ausfüllungsmasse des Canals ist ein mürber, mehliger, gelblicher Kalkschlamm. Das Exemplar dürfte aus den weicheren Crinoidenmergeln stammen.

Taf. V, Fig. 2 und 3. Das dicke Säulenstück (eines von mehreren) zeigt bei einer Höhe von 44^{mm} 22 Glieder. Die Durchmesser der breitovalen Scheiben betragen 27 und 24^{mm}, die des Canals 9—10 und 7—8. Die Canalweite übersteigt also $^1/_2$ der Hauptdurchmesser. Dicke der Scheiben oder Höhe der Aussenwände der einzelnen Glieder sehr gleichförmig, fast immer genau oder sehr nahe 2^{mm} mit Ausnahme der Insertionsgegend der *Ramuli*, wo die Nahtlinien stark nach oben und unten bogenförmig ausweichen. Diese Partie ist gewöhnlich auch deutlich erhöht und trägt eine sehr kleine ringförmige, in der Mitte vom Nahrungscanal durchbohrte und napfförmig eingetiefte Anschwellung.

Die Grenznähte erscheinen an den nicht abgewetzten Stellen als äusserst feine, beiderseits von einer leichten und sehr schmalen saumartigen Anschwellung begleitete Linie. Dadurch ist gewissermassen schon ein Übergang zu der Abtheilung der *Laeves lineati* gegeben. Die Strahlen der Gelenksflächen, welche Fig. 3, eine zu einem anderen Säulenstück gehörende Ansicht, wiedergibt, sind fein und dicht, aber mit freiem Auge deutlich erkennbar. Am Canalrand kommen 3, am äusseren Rande der Gelenksfläche 5—6 Strahlen auf 1^{mm} Breite.

Die Strahlen spalten sich zum grösseren Theil schon nahe am Canalrand, weiter gegen den Rand zu nochmals und nicht selten ein drittes Mal in der Nähe des Randes. Überdies scheinen einzelne Zwischenstrahlen sich erst im mittleren Verlauf, andere erst nahe am peripherischen Rande zu spalten.

Die Ausfüllungsmasse des Canals ist bei allen hierher gehörigen Säulenstücken ein fester, gelblichbrauner Kalkstein, welcher von dem Productenkalk mit *Prod. Africanus* nicht zu unterscheiden ist. Der Säulendurchschnitt *a* zeigt, dass die inneren Scheibenwände durch nicht tiefe, klaffende Nahtfurchen getrennt sind und dass zwei schärfer vorstehende Seitenkiele und eine mittlere Kielleiste auf der schwach concaven Mittelzone haben. Der Schraubenstein müsste demnach eine ähnliche Form haben, wie bei dem *Laeris lineatus*, Fig. 13 *g*.

Taf. V, Fig. 4. Ein Säulenstück, welches bei 22ᵐᵐ Höhe aus acht Gliedern besteht, einen gesteinsfreien Canal hat und einen bemerkenswerthen Umwandlungsprocess von Flecken des späthigen Kalkes in eine gelb lichtbraune Masse zu beobachten Gelegenheit gibt. Zugleich zeigt dasselbe eine von den beiden vorbeschriebenen Exemplaren völlig abweichende, einfache Beschaffenheit der Canalwände der einzelnen Glieder. Die Scheibendurchmesser betragen 21 und 18ᵐᵐ, die des Canals 7 und 5ᵐᵐ, die Höhe der Glieder 2·6ᵐᵐ bis 2·8ᵐᵐ. Die äussere Wandfläche, sowie die Gelenksfläche ist stark corrodirt. Letztere zeigt stärkere und schwächere concentrische Wachsthumsringe, Spuren von Gelenksstrahlen und von einem kleinzelligen Maschennetz. Die äusserst fein gezähnelten Nahtlinien der Aussenseite lassen auf eine sehr fein und dichtstrahlige Beschaffenheit frischer Gelenksflächen schliessen. Die Nahtfurchen der Canalwandungen sind eng und scharf und ihre Seiten etwas deutlicher schon für das freie Auge erkennbar crenulirt. Die Mittelzone ist breit, schwach concav fast eben, durch schwache Kantenleisten gegen die Furchen begrenzt. Der künstliche Schraubenstein zeigt daher breite, flach convexe, durch eine wenig vorspringende crenulirte Nahtleiste getrennte Segmente.

Taf. V, Fig. 5. Ein Säulenstück von 39ᵐᵐ Höhe mit 20 Gliedern, deren Dicke von 1ᵐᵐ bis 2·2ᵐᵐ wechselt. Die Durchmesser der Scheiben messen 21ᵐᵐ und 18ᵐᵐ, die des Canals 6ᵐᵐ und 5ᵐᵐ. Die angewitterten und abgeschliffenen Gliedflächen zeigen ausser zahlreicheren feinen, zwei sehr markante, concentrische Wachsthumsringe, welche auch im Verticaldurchschnitt als parallele dunklere Verticallinien sichtbar sind. Dieselben sind übrigens in jedem Glied leicht convex ausgebugt, so dass man schliessen muss, es sei auch die flach geglättete Aussenwand der einzelnen Glieder leicht convex und die Naht schwach eingelieft gewesen. Somit liegt eine Mittelform zwischen *Laeris plani* und *incisi* vor. Mit den Säulenstücken, Fig. 2, stimmen die zarten Saumlinien, welche die Naht begleiten und die Contour der Canalwandsegmente. Letztere sind hier jedoch in etwas abgeschwächter Form dreikielig. Ein besonderes, abweichendes Merkmal des vorliegenden Exemplares liegt in der Ungleichheit der Scheiben. Es wechseln nicht nur stärkere und dünnere Glieder, sondern viele der Glieder und zwar meist die dünnen verschmälern sich keilartig vom Canal nach der Peripherie zu und schliessen dicke Glieder ein, welche dann entsprechend von innen nach aussen an Höhe zunehmen. Der Canal ist mit gelblichem, kalkigem Sandstein erfüllt, welcher auf die Herkunft des Stückes aus den sandigen Schichten mit den Spiriferenresten und *Favosites* cf. *parasitica* schliessen lässt.

Taf. V, Fig. 6. Durchschnitt und Seitenansicht dieses kleinen Abschnittes eines grösseren Säulenstückes soll nur illustriren bis zu welchem Grade in einzelnen Fällen die bei den hohlen Stengeln mit weitem Canal besonders häufige mechanische Zusammenpressung erfolgt ist. Das Säulenstück gehört allem Anscheine nach zur Gruppe Fig. 2 und 3. Die Canalwände berühren sich oder lassen nur eine unregelmässige, mit etwas dunklerer Gesteinsmasse erfüllte enge Mittelspalte zwischen sich, von welcher unregelmässige Sprünge ausstrahlen. Die sparsame Gesteinsmasse hat Ähnlichkeit mit der bräunlichen Ausfüllungsmasse von Fig. 2.

Es liegt hier ein Extrem zu Quenstedt's *Entrochus laeris compressus* (l. c. Taf. 112, Fig. 79) vor.

Taf. V, Fig. 7 stellt das kürzere, aber bezüglich der Rankennarben besser erhaltene von zwei Säulenstücken dar, welche im Erhaltungszustande ganz und im Bau sehr nahe mit dem weiter unten, Fig. 9, beschriebenen *Entrochus* übereinstimmen. Es gehört wohl zu einer anderen Form und nicht einem anderen Stengeltheil derselben Form an. Ein grosser Theil der Seitenfläche ist mit dunkelbrauner Rindenschicht verdeckt. Das

Säulenstück zeigt bei 36^{mm} Höhe 22 Glieder von 1·4 bis 2^{mm} Höhe, welche überwiegend sowohl an den von Rinde freien, als an den mit Rinde bedeckten Partien der Säule flachwandig und durch sehr zarte, schwach eingetiefte Nahtlinien begrenzt erscheinen.

Nur die etwas höheren Glieder, welche Rankennarben tragen, erscheinen besonders in der Nähe der Narben schwach convex. Die Durchmesser der Gelenksfläche des allem Anscheine nach etwas zusammengedrückten Exemplares stellen sich auf 19 und 14^{mm}, die Durchmesser des Canalloches auf 8 und 6^{mm}. Die Gelenksflächen sind mit kräftigen, nicht sehr engständigen Strahlen (3 auf 1^{mm}) verziert. Die obere Rindenschicht zeigt an einer Stelle Reste eines feinzelligen Maschennetzes. Es ist jedoch nicht zu entscheiden, ob dasselbe auf den Abdruck einer parasitischen Bryozoe oder auf eine besondere Structur der Rindenfläche zu beziehen ist.

b. Entrochi laeres incisi. Taf. V, Fig. 8. Ein weissgelbes, späthiges Säulenstück, welches nicht nur eine starke seitliche Pressung, sondern auch eine schwache seitliche Verschiebung eines Theiles gegen den anderen in der Ebene einer Gelenksfläche erfahren hat. Der Canal hatte allem Anscheine nach nahezu die Hälfte des Gesammtdurchmessers der Gelenksfläche. Auf 27^{mm} Höhe zeigt das Stück 22 Glieder von ungleicher Höhe. Drei niedrige von 0·8 — 1^{mm} wechseln ziemlich regelmässig mit einem 1·6^{mm} hohen Gliede. Die Nahtlinien sind scharf eingeschnitten, die minder stark glatt gewetzten Wände zeigen noch schwach convexe Wölbung, die bei vollkommener Erhaltung noch etwas markirter hervorgetreten sein dürfte.

Die Gelenksflächen sind mit ziemlich kräftigen, gegen die Peripherie zu abwechselnd dichotomirenden Strahlen verziert (2 — 3 auf 1^{mm}).

Taf. V, Fig. 9. Ein Säulenstück von 33^{mm} Höhe und etwa 26 Gliedern mit Narben und einzelnen Endgliedern der abgelösten Ranken (Cirri) und theilweiser Bekleidung mit einer Rindenschicht. Die Durchmesser der breit-ovalen Glieder betragen 18 und 16^{mm}, diejenigen des Canalloches 6 und 5^{mm}; die Höhe der einzelnen Glieder variirt mit annähernder Regelmässigkeit von 1·2 zu 1·8 bis 2^{mm}. Auf der mit Rinde bedeckten Seite der Säule sind die Grenzen der Glieder als einfach eingetiefte Linien zwischen schwach convexen, hin und wieder eine schwachkantige Mittellinie zeigenden Wandzonen markirt. Auf der abgewetzten, zum Theil gedrückten und mit kleinen schrottspurartigen Eindrücken versehenen Seite ist der braune (? manganhaltige) Farbstoff der schwarzbraunen Rinde auch in die feinen Zwischenräume der den Gelenksstrahlen entsprechenden Zähnelung der Nahtlinien, sowie in die Poren der Wandungen eingedrungen. Man erkennt unter der Lupe eine mässig feine braune Punktirung. Die braunen Punkte entsprechen der Ausfüllung kleiner, weisswandiger Zellräume. Wie schon angedeutet, werden die durch ähnlichen günstigen Erhaltungszustand in dieser oder anderer Richtung ausgezeichneten afrikanischen Encrinidenreste vielleicht zu Dünnschliffuntersuchungen über die feineren Structurverhältnisse benützt werden können, welche Gegenstand einer speciellen Arbeit bleiben müssen. Die Crenulation der Nahtlinien zeigt, dass in der Peripherie der Gelenkfläche etwa drei plattrückige Strahlen auf 1^{mm} kommen; auch die minder abgescheuerten Stellen der freien Gelenksflächen der Säule zeigen, dass die Strahlen hier weniger dicht und kräftiger sind, als bei Fig. 1 *b* und 3 *a*.

Die berindete Säulenseite zeigt drei ungleich weit von einander entfernte, im Dreieck stehende Insertionsstellen von Ranken. Die besterhaltene mittlere zeigt das in die Säule inserirte, seicht napfförmige vertiefte, innen strahlige Gelenk oder Basalglied. Dasselbe hat etwa 7^{mm} Durchmesser und reicht mit seinem äusseren Ringe über vier Gliedhöhen. Das feine Canalloch durchbohrt das stärkste dieser Glieder nächst der Nahtlinie. Die Strahlen sind nur in der inneren peripherischen Randzone deutlich markirt.

Der schwach verkieselte Erhaltungszustand, sowie das anhaftende, lichte, sandig merglige Material stimmt ganz mit den bei Fig. 7 angegebenen Eigenschaften der Erhaltung.

Taf. V, Fig. 10. Ein Säulenstück von 34^{mm} Höhe mit 22 Gliedern von ziemlich gleichförmiger, nur zwischen 1·2 und 1·6^{mm} variirender Wandhöhe. Die Durchmesser der Gelenksflächen erreichen 21 und 17^{mm}, die des Canals 7 und 6^{mm}. Der Canal ist stellenweise frei, zum grösseren Theil mit gelbgrauem Kalksandstein erfüllt. Die Canalwand zeigt tief einschneidende, stark klaffende und ziemlich grob crenelirte Grenzfurchen der Glieder und schmale, mit einer einfachen Mittelfurche versehene Wandzonen. Der Schraubenstein würde also stark vorspringende crenelirte Ringe im Wechsel mit schmalen, schwach gekielten Zwischenzonen zeigen. Die äusseren Wandungen sind meist stark glatt gewetzt, und wurden, nachdem sie glatt gerieben waren, mit bräunlich-gelber, kalkigsandiger Masse incrustirt. Es sind zwei grössere, mit wulstigem Ringe noch versehene grössere, napfförmige, durchbohrte Insertionsnarben von Ranken und zwei kleinere bis auf den Grund abgewetzte Narben bemerkbar. Die grossen Narben stehen senkrecht untereinander; von den kleineren befindet sich die eine seitwärts in der mittleren Höhe zwischen beiden, die andere seitwärts von der einen grossen Narbe in demselben Gliede. Alle vier Narben kommen den dickeren Gliedern zu, welche sich an diesen Stellen auch entsprechend ausweiten. Die Durchbohrung liegt nahe der Nahtgrenze. Die grossen Ringe reichen über drei Gliedhöhen.

c. Entrochi laeres subtornati. Taf. V, Fig. 12. Dieses Bruchstück eines sehr dicken Crinoideen stammes zeigt auf der einen Seite verschiedene Formen der Verwitterung und Abschleifung, auf der anderen Seite den natürlichen Verticalschnitt mit der freien Canalwand. Auf die Höhe von 67^{mm} kommen 42 Glieder, deren Wandhöhe von 1 bis 1·7^{mm} nicht besonders gleichförmig wechselt. Die Hauptdurchmesser der Glied-scheiben beträgt 31 und 28^{mm}, die des Canals 10 und 8^{mm}.

Die äussere Säulenwand ist in einem schmalen, randlichen Streifen mit der schmalen, kielartigen Erhöhung der Nahtlinien erhalten; wodurch ein Übergang zu den *Entrochi tornati* Quenstedt's angedeutet ist. Die äusseren Gliedwandzonen sind demnach schwach concav. Der grössere Theil der Fläche zeigt eine blatter-narbige Abwitterungsform, ein anderer Theil ist tiefer gehend glatt gewetzt. Man sieht einzelne feine Punkte, welche wie Canalspuren sehr feiner Ranken aussehen, jedoch sind dieselben nicht mit Sicherheit als solche zu deuten; denn auf der Canalfläche ist nur an einer Stelle eine Durchbohrung zu bemerken. Die Gelenksflächen sind mit feinen Strahlen verziert, wie man aus der Crenulirung der äusseren und inneren Nahtlinien schliessen muss. (5—6 auf 1^{mm}.) Die Canalwand zeigt schmale, scharf aber nicht sehr tief einschneidende Nahtfurchen und concave, von deutlichen Grenzleisten eingefasste Gliedwandzonen. Die Crenulirung der Nahtfurchenwände schneidet noch in die Grenzleistenrücken ein. Der künstliche Schraubenstein zeigt demnach zwischen schmalen, wenig vorspringenden Kielleisten breitere Convexzonen. Die im Canal haftende Gesteinsmasse ist gelbes, kalkig-sandiges Material.

Taf. V, Fig. 13 a—e ist ein von dem vorigen äusserlich durch die Höhe der Glieder, innen durch die starken Mittelkiele der Gliedwandzonen sehr auffallend abweichender, gleichfalls dicker Crinoideenstamm. Durch die grosse Weite des Canals (nahe ¼ des Gesammtdurchmessers der Scheiben) steht er der Gruppe von Quenstedt's *Laeris carus* nahe. Es sind drei im Verticalschnitt halbirte Säulenstücke vorhanden. Das grösste, nach dem die Abbildung genommen ist, hat 74^{mm} Höhe, 27 Glieder von sehr gleichförmiger, nur etwa zwischen 2·2 und 2·6^{mm} Höhe variirenden Gliedern. Die Hauptdurchmesser der Gliedscheibe haben 28^{mm} und 26^{mm}; die des Canals 13^{mm} und 11^{mm}.

Die äussere Wandung zeigt bei dem grossen Stück fast nur die blattersteppige Abwitterung; eines der kürzeren Säulenstücke jedoch lässt deutlich eine feine Kielleistung der Nahtlinien und Spuren von zarten Mittellinien auf den fast ebenen Gliedwandzonen erkennen. Deutliche Rankennarben oder Canalmarken sind nicht zu bemerken. Die Canalwandfläche zeigt mässig weite und tiefe Nahtfurchen mit scharf crenelirten Seiten und breite Gliedwandzonen mit stark markirter Mittelleiste, welche zwei Concavzonen mit schwach gekielten Randkanten trennt. Der künstliche Schraubenstein erscheint mit starken Kielen, welche durch schwächere Furchen von einer tief gefurchten und dadurch in zwei convexe Bänder zerschnittenen Mittelzone getrennt sind.

Bezüglich der Architectur der Canalwände schliessen sich hier einige Säulenstücke von kleinerer Dimension am nächsten an, von denen künstliche Schraubensteinreliefs gewonnen werden konnten. Die Aussenwände derselben sind jedoch nicht gut genug erhalten, um das Vorhandensein der Nahtleisten zu constatiren. Es ist demnach die Möglichkeit, dass dieselben äusserlich zu dem Typus, Fig. 8, der *Laeres incisi* oder zu Fig. 4 der *Laeres plani* gehören, nicht ausgeschlossen. Kleine Unterschiede sind trotz der Übereinstimmung mit dem Hauptcharakter in der Kielung der Canalwandzonen auch hier zu beobachten.

Fig. 13 *f—g* zeigt das Schraubensteinrelief einiger Glieder eines Säulenstückes von 38^{mm} Höhe, 14^{mm} Breite, 5^{mm} Canalweite mit 21, etwa 1·5^{mm} hohen Gliedern. Die Aussenfläche ist stark abgescheuert, ohne Rankenspuren. Die Canalwand zeigt enge, scharfe, gezähnelte Nahtfurchen, breite Randkiele und eine mittlere Kiellinie in der flach concaven Mittelzone der Glieder, also eine Mittelfurche in der Convexzone des Schraubensteins.

Fig. 13 *i—h* repräsentirt einige Glieder eines 30^{mm} hohen, 17^{mm} breiten Säulenstückes in derselben Weise. Die Canalweite beträgt 5—6^{mm}, die Höhe der ziemlich gleichartigen 16 Glieder 1·8^{mm}. Ein Glied zeigt auf der Aussenwand eine deutliche Nahtnarbe, jedoch in abweichender Weise von dem gewöhnlichen Auftreten an einer eingeschnürten statt an einer ausgeweiteten Stelle. Der Canal der Narbe durchbohrt im Hauptcanal die starke Mittelleiste des Gliedes. Die Nahtfurchen der Canalwand sind hier breiter und glatter, die Randleisten schärfer. Überdies ist ein Wechsel in der Stärke der mittleren Kiellinie der Gliedwandzonen zu bemerken. Es scheint ein Wechsel stattzufinden in der Art, dass auf je drei Glieder mit feiner und eingetieft liegender Mittelleiste immer ein Glied mit gleich stark wie die Kantenleisten, oder stärker vorspringendem Mittel-. kiel folgt.

d. Entrochi tornati. Verschiedene minder gut erhaltene Stengel und Glieder von Encriniden mit weitem Canal lassen sich auch mit einiger Wahrscheinlichkeit zum Theil zu den *tornati*, zum Theil auch zu den *cingulati* Quenstedt's stellen.

Taf. V, Fig. 11 ist ein kurzes ziemlich schlecht erhaltenes Säulenstück von 24^{mm} Höhe eines *tornatus* mit 16 Gliedern von 1·2 bis 1·6^{mm} Dicke. Hauptdurchmesser 24^{mm}, Canalweite 9—10^{mm}. Die Aussenwand zeigt in dem nicht abgewetzten Theile scharf eingeschnittene Nathlinien und kielartig zugeschärfte Gliedwände. Die Canalwand wird von mässig breit und nicht tief eingeschnittenen, schwach und fein crenulirten Nahtfurchen und schmalen durch eine seichte Mittelfurche und schwache Kielkanten gezierten, convexen Gliedwandzonen gebildet. Dieser *tornatus* hat den gleichen Erhaltungszustand wie die *Laeves subtornati* 12 und 13. Die Aussenseite zeigt eine in drei Glieder eingesenkte Rankennarbe mit Canalloch und an den glattgewetzten Gliedgrenzen eine feine Zahnnath, welche auf eine sehr fein und engstrahlige Gelenkfläche schliessen lässt.

e. Entrochi cingulati.

Taf. V, Fig. 15. Ein kurzes dickes Säulenstück, welches wahrscheinlich Knotnugen auf den Gliedern hatte, also zu *cingulatus* Quenst. gehörte, ist durch eigenthümlich einseitige Art der Quetschung bemerkenswerth. Das Stück hat bei 32^{mm} Höhe und 23^{mm} Breite etwa 16 Glieder von 1·2 bis 2^{mm} Höhe. Der grössere Durchmesser des Canals misst 9^{mm}, der durch Druck verkürzte etwas über 4^{mm}. Die normal gewölbte Aussenwand zeigt schwach eingetiefte Nathlinien und leicht convexe Gliedwände mit Spuren von abgewetzten Knotungen. Die Canalwand ist durch mässig weite und tiefe, scharfkantig begrenzte Nathfurchen abgetheilt. Die Gliedwandzonen haben ausser den Kantenkielen auch Mittelkiele, von denen einzelne stärker sind als die seitlichen. Auf den abgewetzten Gliedflächen sind scharfe concentrische Wachsthumslinien markirt. Von diesen sind vier auch auf dem Verticalschnitte sichtbar. Dieselben zeigen auf jedem Gliede schwache Convexwölbung nach aussen. Der Erhaltungszustand ist ganz ähnlich dem bläulich grauen Crinoidenstamm Taf. V, Fig. 6 mit sandiger Canalausfüllung.

Taf. V, Fig. 16. Ganz nahe an den vorbeschriebenen Entrochit bezüglich der Färbung, des Erhaltungszustandes der Aussenseite und der Abstammung aus sandiger Schichtlage schliesst sich dieses Bruchstück an, welches sich durch seine abweichende Canalarchitektur auszeichnet. Bei 32^{mm} Höhe und 19^{mm} Breite hat das Stück 21 Glieder von 1—1·6^{mm} Höhe und eine Canalweite von 7^{mm}. Die Nathlinien der Aussenseite scheinen ungleich tief eingeschnitten gewesen zu sein. Einzelne der convexen Gliedwände lassen noch ziemlich deutlich eine Verzierung mit kleinen Knoten erkennen.

Die Zähnelung der Nahtlinien lässt auf scharfe, dichte Strahlung der Gelenkflächen schliessen. Die Canalwand ist durch breite tief einschneidende Nahtfurchen in schmale plattconvexe Gliedwandzonen mit kaum merklicher Mittelfurche getheilt. Der Kittabdruck zeigt ein typisches Schraubensteinrelief. Eine etwas breitere Gliedzone der Canalwand ist durch einen Rankencanal durchbohrt.

Wir schliessen hier zunächst zwei der unter den afrikanischen Entrochiten seltenen *Entrochi cavi* Q u e n s t. an, bei denen der den weiten Canal umschliessende cylindrische Mantel gegen die Zerstörung minder widerstandsfähig ist. Es ist dies wohl möglicherweise mit ein Grund dafür, dass unter den lose auf den Schichtflächen herumliegenden, ausgewitterten Crinoidenstielen sich so wenige Stücke dieser Gruppe befinden.

f) Entrochi cavi. Taf. VI, Fig. 17. Ein kleines Säulenstück von fünf Gliedern mit 2^{mm} Höhe (wahrscheinlich ein *Laevis incisus*)(Durchmesser 20^{mm}, Canalloch 9—10^{mm}), welches an der Grenze der Gruppen mit weitem Canal *(ampli)* steht, ist durch eine von allen bisher erwähnten abweichende Art der Ausbildung der Canalwände und der entsprechenden Schraubensteine ausgezeichnet. Die tief eingeschnittenen Grenzfurchen der Glieder erweitern sich zu Ungunsten der Gliedwandzonen so, dass diese nur als eine schmale kielartige Zuschärfung der feingekerbten Furchenwände jedes Gliedes erscheinen. Der Schraubenstein zeigt daher nur einen Wechsel von scharfen Kielen mit scharf einschneidenden Furchen.

Taf. VI, Fig. 4. Ein typischer *cavus* (wahrscheinlich zu einem gleichartig geknoteten *cingulatus* gehörend) von nur 11^{mm} Dicke bei 6—7^{mm} Canalweite. Die Nahtfurchen sind eng, scharf und wenig eingetieft, sie trennen mässig breite, flach convexe Gliedwandzonen mit schwacher von seichten Furchen begleiteter Mittelleiste. Der Schraubenstein zeigt entsprechend breite Concavbänder, getrennt durch schmale, wenig vorspringende Leisten.

B. Canalwände durch Querleisten und Gruben unterbrochen.

Entrochus tornatus. Taf. VI, Fig. 1. Das Säulenstück von 31^{mm} Höhe mit 17 Gliedern von ziemlich gleichartiger nur zwischen 1·4 bis 1·8^{mm} schwankender Dicke und Fig. 2 zeigen innerhalb der durch weiten Canal ausgezeichneten Hauptgruppe allein die bei der Gruppe mit engem Canal häufigere quere Verziermungsform der inneren Gliedwände. Die Aussenseite lässt wegen der Abwitterung nicht entscheiden, ob die durch sehr scharf einschneidende und weite Furchen getrennten Glieder kantig zugeschärft oder stark convex waren. Das erstere ist wahrscheinlicher, mithin die Stellung näher bei *Tornatus* als bei *Laevis incisus (lineatus)*.

Bei einem Säulendurchmesser von 22^{mm} hat der Canal 7—8^{mm}. Die Nathfurchen sind eng und scharf eingeschnitten und werfen schwache seitliche Grenzleisten auf. Die schwach concav zwischen diesen Saumlinien eingetieften Wandzonen der einzelnen Glieder sind durch breite, durch Querleisten von einander getrennte Gruben verziert, welche auf dem Schraubenstein in der Form von oblongen bis quadratischen Knoten zum Abdrucke kommen. Die Nathfurchen erscheinen zwischen den knotig abgetheilten, breiteren Wandzonen als feine kaum vorspringende Zwischenkiele.

Taf. VI, Fig. 2. Das kurze nur aus fünf Gliedern von 1·8—2·2^{mm} Höhe bestehende Säulenstück ist aussen glatt gewetzt (wahrscheinlich ein *Laevis incisus*) und hat einen Canal von 7^{mm} Weite bei einem Hauptdurchmesser von 20^{mm}. Die Gelenkflächen zeigen sehr dichte und feine Wachsthumlineamente, Spuren der feinen Radialstreifung und einer Zellenstructur.

Der Canal hat eine schwache Neigung zur polygonalen Ausbildung. Die Quertheilung der Gliedwandzonen des Canals durch schwache Querleisten und breitere Gruben ist nicht ganz übereinstimmend mit der Ausbildung bei Fig. 1; abweichend ist die schärfere und breiter klaffende Form der cremulirten Gelenkfurchen und das prägnantere Hervortreten der kantigen und schwachwelligen Saumlinien der mittleren Gliedwandzonen. Der Unterschied, welcher sich auch bei den Schraubensteinen geltend macht, wird durch eine mittlere Kiellinie (resp· Furche) erhöht.

Gruppe 2. Crinoidensäulenstücke mit mittelweitem bis mässig engem, zwischen $\frac{1}{3}$ bis $\frac{1}{4}$ des Gesammtdurchmessers schwankenden Canalloch *(Entrochi subampli).* Taf. VI, Fig. 3—8. Hier finden sich gleichfalls eine Reihe bemerkenswerther Verschiedenheiten besonders bezüglich der Canalform und der Art der Insertion der Ranken.

Fig. 3. Kurzes Säulenstück eines *tornatus* mit 1·2—1·8ᵐᵐ hohen Gliedern, 25ᵐᵐ Durchmesser und 6ᵐᵐ Canalweite. Die Gliedwandzonen des Canals sind flach, zart gestreift und durch mässig breite, nicht sehr tiefe Nathfurchen getrennt.

Fig. 4. Kurzes Säulenstück eines aussen glatt gewetzten *tornatus* mit nur 1—1·2ᵐᵐ dicken Gliedern, 19ᵐᵐ Durchmesser und 5ᵐᵐ Canalweite. Die Gliedwandzonen sind kielartig zugeschärft, die Furchen tief und eng. Der Schraubenstein daher sehr nahestehend dem von Taf. V, Fig. 17.

Fig. 5. Ein *Laevis compressus* mit 1·2—1·6ᵐᵐ hohen Gliedern, 12—14ᵐᵐ Durchmesser und 2—4ᵐᵐ Canalweite, seitlich zusammengedrückt. Derselbe zeigt vereinzelte, kleine Rankennarben und hat einen, aus einfach convexen, durch scharfe, enge Nathfurchen getrennten Gliedwandzonen begrenzten Canal, daher einen entsprechend scharf gekielten Schraubenstein mit Concavzonen.

Fig. 6. Ein dem vorigen sehr nahe stehender *laevis incisus*, mit dickeren, gleichförmig 1·8 und 2·2ᵐᵐ erreichenden Gliedern, 11 bis 12ᵐᵐ Durchmesser und 2·5—3·5ᵐᵐ Canalweite. Die Nathlinien zeigen feine enge Zähnelung. Die Nathfurchen der Canalwand sind weit, scharf und ziemlich tief eingeschnitten; sie trennen einfach glatte, stark convexe Gliedwandzonen. Der Schraubenstein hat daher stark vorstehende schneidige Kiele und breitere glatte Concavzonen.

Laevis subangulatus. Fig. 7. Ein kleines Säulenstück, welches durch die pentagonale Form des Canales auffällt. Zwischen 1·6—1·8ᵐᵐ hohen Gliedern sind dünnere von 1ᵐᵐ eingeschoben. Bei 15ᵐᵐ Durchmesser kommen 4—4·5 auf die Canalweite. Der stumpfkantige Schraubenstein zeigt scharfe, mässig vorspringende Kiele und schwach concave, den schwach convexen Gliedwandflächen des Canals entsprechende Zwischenzonen.

Fig. 8. Ein in mehrfacher Beziehung bemerkenswerther Entrochit, welcher zu der bei der Hauptgruppe mit engem Canale häufiger vertretenen Abtheilung der *Intus partiti* gehört. Das 25ᵐᵐ hohe Säulenstück ist ein durch auffallend höhere Glieder von 2·6—3ᵐᵐ und einen fünflappigen Canaldurchschnitt schon äusserlich von anderen abweichender *laevis planus*. Auf eine Säulendicke von 8—9ᵐᵐ entfällt ein Canal von 2·5ᵐᵐ Weite. Den weit gezähnelten Nathlinien entsprechen grobstrahlige Gelenkflächen. Die Canalwand ist durch scharf eingeschnittene, klaffende Nathfurchen in breite, durch scharfe enge Querfurchen und Querleisten verzierte und schwach eingetiefte Gliedzonen getheilt, welche überdies durch schwache Horizontalfurchen gekreuzt werden.

Gruppe 3. Säulenglieder mit engem, ¼ des Hauptdurchmessers nicht erreichenden Canal. Taf. VI, Fig. 11—23. *Entrochi angusti vel perforati.*

Nach dem Umrisse des Canals sind hier Formen mit rundem von solchen mit polygonalem Durchnitt zu trennen. Innerhalb dieser beiden Abtheilungen kommen sowohl bezüglich der Merkmale der Aussenwand als hinsichtlich derjenigen der Canalwand bedeutende Verschiedenheiten vor. Nach der Beschaffenheit der Canalwand unterscheiden sich hier in analoger Weise wie bei den Entrochiten mit weitem Canal drei Ausbildungsarten: *A. Intus partiti.* Gliedwandzonen des Canals quergetheilt durch Leisten und Gruben. *B. Intus carinati.* Gliedwandzonen durch Längsleisten oder Furchen gestreift. *C. Intus laeves.* Gliedwandzonen glatt convex oder concav.

Entrochi Laeves plani. Taf. VI, Fig. 9 und 10 repräsentirt zwei in mehreren Stücken vertretenen Typen von Crinoideenstämmen. Die Säulenstücke sind insgesammt fast kreisrund mit 17—18ᵐᵐ Durchmesser und einem schwach ovalen Canalloch von 3—4ᵐᵐ, welches zuweilen eine Neigung zu lappiger Buchtung zeigt. Die Dicke oder Wandhöhe der Glieder ist sehr gleichförmig durchschnittlich 2ᵐᵐ und wechselt höchstens von 1·8 bis auf 2·2. Die ebenflächigen glatten Aussenwände der Glieder sind durch kaum eingeschnittene zarte fein aber scharf gezähnelte Nathlinien markirt. Die Gelenkflächen sind mit dichtstehenden, scharf getrennten Strahlen verziert, welche zunächst dem Canalrande und im peripherischen Drittel der Scheibe am regelmässigsten dichotomiren. Am Aussenrande kommen etwa (3—4) auf 1ᵐᵐ Segment. Die Rankennarben sind ziemlich häufig mit Anlage zur Quincunxstellung und zu 2—3 auf demselben Gliede. Das abgebildete Stammstück von 30ᵐᵐ Höhe zeigt fünf durchbohrte kleine Rankennarben mit schwach verdickten Rändern.

Das bezeichnende für diese Cirrengelenkpfannen ist, dass die Nathlinien gegen ihre Grenzen nicht auseinander weichen, sondern dass die Stelle eher verengt ist als erweitert, und die verdickten Ringe nur wenig über die Näthe in die Grenzglieder übergreifen. Bezüglich des Canals treten jedoch Unterschiede hervor.

Die Wandung des engen Canals zeigt (vergl. Fig. 10) zwischen sehr engen, gezähnelten, schwach einschneidenden Nathfurchen Gliedwände, welche durch zarte Verticalleisten (5) und eine horizontale Mittelleiste in schwach eingetiefte Felder getheilt sind. Auf dem künstlichen Schraubensteinrelief erscheinen dieselben als flache Knoten durch Furchen getrennt, ähnlich wie bei dem Schraubenstein (Fig. 2 *b*) eines *Entrochus* mit weitem Nabel. Bei Fig. 9 dagegen erscheinen die Gliedzonen des Canals schwach concav, fast glatt zwischen den Leistlinien der Nahtkanten.

Taf. VI, Fig. 20. Das 32ᵐᵐ hohe Säulenstück eines *laevis planus* von 10—11ᵐᵐ Durchmesser, 2·2—2·4ᵐᵐ Gliedhöhe und 2·5—3ᵐᵐ Canalweite ist ausgezeichnet durch schwach concave, dickstrahlige Gelenkflächen und durch den halbverkieselten Erhaltungszustand. Die Gelenkstrahlen sind im äusseren Drittheil der Fläche dichotom. Die Canalwände dürften hier, wie es die folgende Form zeigt, mit Querleisten verziert sein, doch ist der Canal nicht hohl, sondern mit Gesteinmasse ausgefüllt.

Taf. VI, Fig 19. Sehr ähnlich dem vorigen ist das kleinere und schmälere Säulenstück mit beiderseits erhaltener Strahlung der Gelenkflächen. Es gehört gleichfalls einem *Laevis planus* an, jedoch findet hier ein regelmässiger Wechsel von dünneren und dickeren Gliedern statt und überdies sind die strahligen Gelenkflächen nicht concav. Die dünneren Glieder messen 1·6—2, die dickeren 2·4—2·8ᵐᵐ Höhe. Die Dicke der Säule beträgt 8 und 10, die Weite des Canals 1·5 und 2ᵐᵐ. Das Stück ist etwas seitlich zusammengedrückt.

Laeves incisi. Taf. VI, Fig. 13 und Fig. 14 cf. *Poteriocrinus sigillatus* Quenst. l. c. p. 525, Taf. 108, Fig. 41. Diesen Crinoideenstämmen steht wohl keine bekannte Form gleich nahe als die citirte aus dem Bergkalk von Néfiez.

Fig. 13 — das Säulenstück von 38ᵐᵐ Höhe, 18—19ᵐᵐ grösster Breite ist aus 24 ungleich hohen 1—2ᵐᵐ hohen Gliedern aufgebaut, von einem sehr engen (2—3ᵐᵐ nicht überschreitenden) Canale durchbohrt und mit weit ausgehöhlten, grossen Narbenspuren der Rankeninsertionen versehen. Der Umriss des Canals ist schwachlappig kreisrund. Die Gelenkflächen zeigen in abgeglättetem Zustande neben feiner Radialstreifung, eine sehr dichte und feine concentrische Linirung. An einigen minder glatt gewetzten Stellen der Aussenwand ist die normale leichte Eintiefung der Nathlinien zwischen den schwach convexen Gliedwänden noch zu bemerken. Die grossen ausgesprengten Gelenkgruben der Ranken sind durch die Ausscheuerung über das Normalmaass erweitert und geglättet, und stehen ringsum die Säule in ziemlich regelmässiger Quincunx oder im Geviert, in der Weise, dass man auch eine spirale Anordnung daraus ableiten kann. Die Durchbohrungsstellen der Rankencanäle fallen alle so ziemlich in die Mitte von bis auf 3—4ᵐᵐ hoch bogig ausgeweiteten Stellen der dicksten Glieder. Die Nachbarglieder sind an diesen Stellen entsprechend verengt. Die innere Canalwand dürfte mit derjenigen von Fig. 2 und dem im folgenden beschriebenen *sigillatus* ganz nahe übereinstimmen.

Fig. 14. Das 55ᵐᵐ hohe Säulenstück wurde horizontal in der Ebene des Nahrungscanals auf der Abbildung markirten Insertionsstelle geschnitten. Der Hauptdurchmesser der Gliedscheiben 18—19ᵐᵐ, der des Canals 3—3·5, die Höhe der einzelnen Glieder 1·6—2ᵐᵐ, an den Insertionspunkten der Ranken bis 3ᵐᵐ. Die äusseren Gliederwände sind schwach, aber deutlich convex, zuweilen mit einer mittleren Höhenlinie versehen, die Nathlinion mässig eingetieft.

Fig. 14 *b* zeigt im Gegensatz zu Fig. 13 die Zusammenschnürung der Ranken tragenden Glieder bis zu dem Canalloch der knopfförmig vorstehenden und napfförmig eingetieften Insertionsringe.

Taf. VI, Fig. 15. Das 34ᵐᵐ hohe Säulenstück eines *Laevis incisus* ist durch einen engen, deutlich fünflappigen Canal ausgezeichnet, wie er eigentlich bei kräftiger fünftheiliger Querleistung erscheinen soll. Die ungleiche Dicke der Säule hält zwischen 14 und 17ᵐᵐ, die Canalweite 2·5—3, die Höhe der Glieder zwischen 1·2 und 1·8ᵐᵐ. Die feine Strahlung der Gelenkfläche ist auf der einen Seite erhalten. Die Strahlen sind enger als die Zwischenräume und dichotomiren nahe dem Canalraude und im äusseren peripherischen Drittheil der Gelenkfläche. Drei kleine durchbohrte, erhöhte Narbenringe sind sichtbar: dieselben nehmen nicht die ganze Höhe der schwach erweiterten Gliedwand ein; die Durchbohrung des Rankencanals liegt nahe der Nahtgrenze. Die untere Gliedfläche der Säule zeigt einen natürlichen Durchschnitt eines in der einen Lappenecke des pentagonal gelappten Canals einmündenden Rankencanals.

Taf. VI. Fig. 16. Das durch eine stärkere Aufbauchung zwischen schwächeren Gliedfolgen auffallende Säulenstück hat einen ganz ähnlichen Bau der Canalwand und des entsprechenden Schraubensteines, wie Fig. 6. Nur ist der Canal hier viel enger. Es ist ein *laevis incisus* mit ziemlich ungleichen Gliedern. Bei 32ᵐᵐ Höhe zeigt das Stück 18 Glieder. welche von 1—2ᵐᵐ Dicke schwanken und besonders in dem aufgeschwollenen Theile der Säule nicht ebenflächig sondern wellig begrenzt erscheinen. Dicke und dünnere Glieder wechseln scheinbar ohne Regel; überdies zeigen viele der einzelnen Glieder ungleich dicke Stellen, welche nicht mit Ansatzstellen von Ranken oder Nebenarmen in Verbindung stehen. Auch stehen manche Glieder stellenweise mit stärkerer Anschwellung über die Nahtlinien vor. Der Durchmesser der Säule ist oben und unten 10—11, ein aufge- bauchter Theil 12—13ᵐᵐ. Die Canalweite beträgt nur 2ᵐᵐ.

Taf. VI, Fig. 17. *Laevis impar.*? Ein Säulenstück von 9—10ᵐᵐ Durchmesser und 2ᵐᵐ weitem Canal, welches sich ganz an den Ausbildungstypus Fig. 18 anschliesst. Der Wechsel von dünnen nur 1ᵐᵐ erreichenden mit bis 2·2ᵐᵐ anschwellenden, wellig zusammengeschnürten und erweiterten Gliedzonen kommt äusserlich an den abgewetzten Flächen deutlicher zum Ausdruck als auf der Canalwand und dem entsprechenden ungleichgliedrigen Schraubenstein.

Entrochi tornati. Taf. VI, Fig. 11. Das kurze Säulenstück eines dicken *tornatus* ist bemerkenswerth durch die Architektur der Wandungen des engen Canals. Dieselbe ist eine Verbindung der Verzierung der ein flachen *partiti* mit der Verzierung der *carinati*. Die Nahtfurchen der Canalwand sind scharf eng und schwach vertieft; sie trennen Gliedwandzonen, welche aus breiten verdickten Saumleisten und einer breiteren eingetieften Mittelfurche bestehen, welche letztere durch die Saumleisten verbindende Querleisten in rundliche Gruben abgetheilt erscheint. Überdies verläuft eine zarte mittlere Leistlinie durch die Gruben und über die Querleisten. Der zum Theil erhaltene natürliche, sowie der in Kitt abgenommene künstliche Schraubenstein zeigt breitere vorspringende in rundliche Warzen abgetheilte Zonen, welche durch enge, zurücktretende Leistringe von einander getrennt sind. Über die Warzen verläuft eine zarte Mittelfurche.

Die einzelnen Gliedscheiben der Säule haben eine Höhe von 1·4—1·8ᵐᵐ, einen Durchmesser von 21—23ᵐᵐ und Canallöcher 3—3·5ᵐᵐ Weite. Das Säulenstück zeigt aussen zwei grosse Rankengruben mit mittlerer Durchbohrung. Der Rankencanal durchbohrt das betreffende Glied nicht an einer ausgeweiteten, sondern an verengter Stelle. Die kantige Zuschärfung der Aussenwände der Glieder ist nur noch theilweise erhalten.

Subtornatus interlineatus. Taf. VI, Fig. 12. Eines der interessantesten und besterhaltenen Säulenstücke der Suite welches man wie Fig. 15 mit Quenstedt's *Poteriocrinus sigillatus* aus dem Bergkalk von Néffez (Taf. 108, Fig. 41) in eine Reihe stellen könnte. wenn nicht die besondere Oberflächenbeschaffenheit bei dieser afrikanischen Form als besonderes Merkmal hervorgehoben werden müsste. Das ursprünglich 55ᵐᵐ hohe Stück wurde durchschnitten, um den Nahrungscanal einer Ranke von der Narbe bis in den Hauptcanal zu verfolgen. Die Glieder sind sehr gleichförmig, selten mehr als 1ᵐᵐ dick; nur an den Durchbohrungsstellen der Seitencanäle erweitern sie sich auf Kosten der Nebenglieder auf 2—2·4ᵐᵐ.

Der Hauptdurchmesser der Glieder hält zwischen 16—17ᵐᵐ. Die charakteristische feine Linearverzierung der Aussenwand besteht darin, dass die Nahtlinien in rundrückigen Kielleisten verlaufen, welche etwas breiter und höher sind, als die zarten Kiellinien der davon eingesäumten niedrigen Wandzonen. Die Gelenkflächen sind feinstrahlig. Die weit eingetieften, im Umkreise von einer Schwellung der Säule begleiteten Rankennarben sind nahe der Nahtlinien durchbohrt und reichen in 5—6 Glieder hinein. Der Horizontalschnitt durch ein Narbenglied zeigt ausgezeichnet die Verbindung der Rankennarbe mit dem Hauptcanale und die Abweichung der vorspringenden concentrischen Wachsthumsringe, sowie der Crenelirung des Canalrandes durch die Gelenkstrahlen. Die Canalwand ist durch scharf einschneidende klaffende Nahtfurchen in convexwandige gekielte Gliedzonen, unter welchen einzelne auffallen, getheilt. Das Relief des Schraubensteins zeigt demnach breitere Concavzonen mit schwacher oder tiefer Mittelfurche im Wechsel mit schmalen schneidigen Kielreifen.

Taf. VI, Fig. 18. Das kurze Säulenstück eines abgewetzten *tornatus* mit merkwürdigen parallelen spiral verlaufenden kantigen Verwitterungslinien gehört zu den Formen mit einfachstem Ausbildungsmodus der Canalwand. Wie der künstliche Steinkern Fig. 18 *b* in Vergrösserung zeigt, sind die Gliedwandzonen glatt und fast eben und durch sehr schwach eingetiefte mässig scharfe enge Nahtfurchen getrennt.

Die Glieder sind gleichartig 1·4—1·6ᵐᵐ hoch, an den Insertionsstellen der drei sichtbaren Rankennarben weder merklich verengt, noch ausgeweitet. Bei 14—15ᵐᵐ Durchmesser der Säule erreicht der Canal nur 3ᵐᵐ Weite.

Verschiedene seltenere Entrochitenformen.

Im Anhange führen wir noch eine Reihe mehr vereinzelter und durch besondere Merkmale ausgezeichneter Stielreste vor. Unter denselben befindet sich auch ein *mammillatus* (Quenst. l. c. Taf. 112, Fig. 64—67). Analogien mit devonischen Entrochiten sind bei einigen der folgenden Formen näherliegend.

Taf. VI, Fig. 21. Säulenrest eines *tornatus* mit engem Canal und tief einspringenden, symmetrischen grossen Rankennarben. Das Stück zeigt eine Canalweite von nur 4·5ᵐᵐ auf 27ᵐᵐ Durchmesser. Die Glieder sind gleichförmig 1·4—1·6ᵐᵐ dick. Auf der einen Gelenkfläche liegt die Verbindungscanal der grossen Rankengruben mit dem Hauptcanale in natürlichem Durchschnitt offen. Dieser Naturschliff zeigt, dass die Durchbohrung der beiden engen Nebencanäle hier dicht an der Grenze der Gelenkflächen desselben Gliedes in derselben Ebene liegt. Der vergrösserte Schraubenstein stellt den Abdruck schwach concaver Gliedwandflächen mit einseitig etwas deutlicherer Randleiste und sehr engen schwach vertieften Nahtfurchen dar. Die äusseren fein gezähnelten Nahtlinien deuten auf feine dichte Strahlung der Gelenkflächen.

Taf. VI, Fig. 22 repräsentirt ein Säulenstück von fünf Gliedern, von denen das mittlere etwas stärkere durch drei Insertionsgruben von höchst eigenthümlicher Construction ausgezeichnet ist. Die Insertionsgruben sind kreisrund und in vier stufenförmig sich verengenden Absätzen eingetieft und zeigen entsprechend schraubensteinartig vorspringende Ringe. Auf der äusseren Gliedfläche, welche schwach ausgeweitet ist, erscheint im Umkreise des Grubenrandes noch eine ringförmige Depression, welche über die beiden Nachbarglieder reicht. Alle drei Rankennarben liegen auf derselben Hälfte des Gliedkreises, die andere Hälfte ist frei.

Die Zwischenglieder sind 1·2—1·4ᵐᵐ dick, das rankentragende Glied 1·6—1·8, an der Insertionsweitung 2·8ᵐᵐ. Der Säulendurchmesser beträgt 19—20ᵐᵐ, die Canalweite 5ᵐᵐ. Die Gelenkflächen sind stark ausgescheuert und zeigen zwei zweipaarig stärker markirte Wachsthumsringe und Reste der Gelenkstrahlung. Die Canalwand ist durch scharfe tiefe, klaffende Nahtfurchen in schmale, fast ebene oder schwache concave Gliedwandzonen getheilt.

Taf. VI, Fig. 23. Ein gleichfalls durch drei auf dasselbe Glied entfallende grosse Rankennarben ausgezeichnetes Säulenstück. Dasselbe weicht jedoch von dem vorbeschriebenen in mehrfacher Beziehung bedeutend ab. Das Säulenstück besteht aus sieben Gliedern, von denen die dünneren 0·6—1ᵐᵐ, das dreimal durchbohrte rankentragende Glied dagegen 1·8 und an den Insertionsstellen 2·4—2·6ᵐᵐ Dicke hat. Drei dünnen Gliedern dürfte bei dieser Säulenform je ein dickeres folgen. Die Rankennarben stehen in spitzwinkligem Dreieck, so dass zwei nahe einander auf der einen Hälfte, die dritte mitten gegenüber auf der anderen Hälfte des Kreises eingetieft ist. Die äussersten, 10ᵐᵐ weiten Narbengrenzen umfassen mehr als alle sechs Glieder, die mittleren concentrische Ringe von 5—6ᵐᵐ Weite etwa 5 Glieder, der innere Ring mit dem feinen Canalloche (2·5—3ᵐᵐ) die Ausweitung des Rankengliedes. Dadurch, dass der äusserste Narbenring sehr weit ist, wird der Säulendurchschnitt, respective die Gelenkflächen sechseckig und zeigt drei ziemlich gleichweite bogig einspringende und drei convexe Kreisabschnitte oder Seiten, von welchen letzteren zwei fast gleichweit, die dritte aber sehr verkürzt erscheint. Der Säulendurchmesser hat 19. die Canalweite 7ᵐᵐ. Es zeigt sich jedoch im Canale ein ringsum an die Innenwand des Rankengliedes anschliessender Rest eines in der Mitte durchgestossenen Mittelbodens, welcher Spuren von feiner Strahlung und concentrischer Streifung zeigt. Man sieht in denselben die Fortsetzung der drei Rankencanäle einbrechen. Es dürfte dieses Säulenstück einem *mammillatus biarticulatus* entsprochen haben, — der enge, die durchbohrte Mittelwarze erzeugende innere Canal ist ausgebrochen oder resorbirt. Der äussere Gelenkflächenkreis zeigt sehr scharfe concentrische Doppelringe und feinere Wachsthumslinien, sowie Spuren der mässig zarten Radialstrahlen.

Taf. VI, Fig. 24. Ein sicherer *mammillatus*, dessen Hauptwandung im Umwandlungsstadium von Kalkspath in Brauneisenstein begriffen ist, während die inneren schwachen Canalböden mit der engen inneren Röhre, welche zitzenförmig über dieselben heraussteht, bereits in Rotheisenstein verwandelt ist. Die Aussenwand ist abgewetzt und corrodirt und zeigt 1·8—2ᵐᵐ dicke Gliedwände. Durchmesser der Säule 14ᵐᵐ, der inneren Canalböden 6—7ᵐᵐ, der Canalröhre 2ᵐᵐ. Die Canalböden zeigen feine Strahlung und eine schwache Ringfurche um den Mammillarfortsatz der Röhre.

Taf. VI, Fig. 25. Der nur 5—6ᵐᵐ dicke Stiel hat einen engen nur 0·8ᵐᵐ weiten Canal und ziemlich gleichförmige 2·2—2·4ᵐᵐ hohe Glieder. Die Nahtlinien liegen vertieft und ihre Zähnelung lässt auf mässig starke Gelenksstrahlen schliessen. Jedes der Glieder wird durch eine sowohl auf der Aussenseite als im Verticalschnitte sichtbare mittlere Linie in zwei gleiche Hälften getheilt. Diese Linie scheint aussen einer mittleren vielleicht früher gekörnten Kielleiste zu entsprechen, welche nur an einzelnen Stellen schwach angedeutet, im Übrigen abgewetzt ist. Unter den Quenstedt'schen Abbildungen entspricht beiläufig *Entrochus micropyle*. Taf. 112, Fig. 120.

Taf. VI, Fig. 26. *Entrochus cingulatus* mit unregelmässiger Knotung. Derselbe lässt einen beiläufigen Vergleich mit dem zu *Cyathocrinus rugosus* gestellten *Entrochus* (Quenst. Taf. 108, Fig. 12) zu. Das Stielstück zeigt bei einem Durchmesser von 9—10ᵐᵐ eine Canalweite von 4—5ᵐᵐ. Der Canal ist ganz mit weissem Kalkspath erfüllt. Die Glieder sind sehr gleichförmig 1·6—1·8ᵐᵐ dick. Die mässig scharf eingetieften Nähte zeigen eine Zähnelung, welche auf engstehend hohe plattrückige Strahlen der Gelenkflächen schliessen lässt.

Taf. VI, Fig. 27. *Entrochus impar laceratus.* Dieses Säulenstück zeigt sowohl bezüglich seiner Abwitterungs- und Schliffform als hinsichtlich des Aufbaues und der Form der Glieder bemerkenswerthe Eigenthümlichkeiten. Eine gewisse Analogie besteht zu dem Quenstedts'schen *impar* (Taf. 112, Fig. 94) bezüglich des engen Canals und der perlschnurartigen Ausweitungen der Canalhülle. Diese afrikanische Form hat jedoch das ganz besondere Merkmal, dass die Glieder nicht nur bezüglich der Dicke wechseln und wahrscheinlich auch äusserlich verschieden vorspringend waren, sondern auch eine breite ringförmige Vertiefung auf den starkrippigen Gelenken sehen lassen, welche auf dem Verticalschnitt beiderseits vom Canal linsenförmige Hohlräume erzeugt. Beim Anschleifen erscheinen desshalb auch die Gliedflächen theils nur in Peripherie, theils wieder erst im Umkreise des Canals gestrahlt. Es wechseln beiderseits concave und convex linsenförmige Glieder.

Die schmalen Glieder erscheinen auswärts 1—1·2, die dicken 2—2·2ᵐᵐ hoch. Der Durchmesser der sechskantig abgeschliffenen Säule war bedeutend stärker als 10—11ᵐᵐ, wie er sich jetzt zeigt, der Canal ist kaum 1ᵐᵐ weit. Auf der abgewetzt glatten und lacerirten Oberfläche fallen spirale parallele Lacerationskanten auf, welche von einem anderen solchen Kantensysteme gekrenzt werden, so dass verschoben rhombische Vertiefungen entstehen. Es scheint somit diese Art von Laceration der Oberfläche mit einem Ausspringen oder Ablösung von Kalkspathblättchen zusammenzuhängen.

Taf. VI, Fig. 28. *Entrochus stellatus.* Der sternförmige Canal, die ziemlich grobstrahlige Gelenkfläche, das Verhältniss des Canals zum Durchmesser der ganzen Gliedfläche und die Höhe der Glieder 1·2—1·8ᵐᵐ stimmen ganz auffallend mit der Abbildung des *Entrochus* (Quenst. l. c. Taf. 108, Fig. 51). der einem *Poteriocrinus* von Kentucky angehört. Säulendicke 10—11, Durchmesser des fünfstrahligen Sterncanals 4—4·4ᵐᵐ an der Peripherie der Gelenkfläche 2—3 Strahlen auf 1ᵐᵐ.

4. Fauna der mergligkalkigen Crinoiden-Schiefer der südlichen Verbreitungszone. — Brachiopoden-Facies von Igidi mit kleinen Producten und *Fenestella plebeja.*

Taf. VII.

Der grosse Reichthum an Crinoideenresten sowohl der mürberen sandig-mergligen Lagen als der festeren Kalkblätter, aus denen die flach zu Tage liegenden Deckschichten des in der Nordregion des Wüstenstriches von Igidi verbreiteten Kohlenkalkes bestehen, war der Erhaltung zarter Brachiopodenschalen nicht wesentlich hinderlich. Man hat es somit allem Anscheine nach nicht mit einem translocirten Grus von Crinoidengliedern, sondern mit einer ursprünglichen Ablagerung auf Tiefseegrund zu thun.

Für das Gewinnen dieser Reste in einem für die Untersuchung und Abbildung geeigneten Zustande erwiesen sich die kleinen Stiele und Stielglieder jedoch sehr nachtheilig.

Ausser einer Reihe von Formen, welche überhaupt das marine Carbon charakterisiren, erscheinen gerade solche Brachiopoden nicht selten, welche in dem Hauptniveau des belgischen Productenkalkes ihre nächsten Verwandten haben. Vorzüglich sind es drei kleine Productenformen, welche von den für den Kohlenkalk von Visé bezeichnenden *Prod. undatus* Defr. *Prod. undiferus* de Kon. und *Prod. Deshayesianus* de Kon. schwer getrennt werden können. Es ist somit die Annahme gerechtfertigt, dass diese Schichten der südlichen Zone entweder nur einer besonderen Facies des Productenkalkes der nördlichen Bergkalkzone der West-Sahara entsprechen und wie diese den Kohlenkalkhorizont von Visé innerhalb der afrikanischen Carbon-Formation vertreten, oder einen obercarbonischen Horizont mit einem starken Percent von untercarbonischen Formen repräsentiren.

Entomostraca.

Spuren von kleinen Muschel- oder Schildkrebsen sind nicht gerade selten in dem weicheren Crinoidenmergel. Jedoch gelingt es nicht leicht, ein besser erhaltenes Exemplar auszulösen. Es mag daher genügen, ein Exemplar als Repräsentanten der vertretenen Formen aufzuführen.

Cythere sp.

Taf. VII, Fig. 32.

Das Exemplar ist etwa $1\cdot6^{mm}$ lang, $1\cdot2^{mm}$ breit und 1^{mm} dick. Der Convexrand ist gegen die Wölbung der Klappen schwach abgesetzt. Bemerkenswerth ist eine deutliche Abstutzungsfläche auf der flachen Randseite, wodurch das betreffende Ende gespitzter ausläuft. Von bekannten Kohlenkalkformen lässt sich beiläufig *Cythere gibberula* M'Coy (*Synopsis* etc., Taf. XXIII, Fig. 25) in Vergleich bringen.

Cephalopoden.

Orthoceras sp.

Taf. VII, Fig. 1.

Ein kleiner, etwa 25^{mm} langer und von oben nach unten von 6 auf 3^{mm} Breite sich verschmälernder Rest von ovalem Querschnitt. Der Querschnitt zeigt in der Mittelhöhe das Axenverhältniss von $3\cdot5:4\cdot5^{mm}$. Die Wohnkammer fehlt und die Spitze mit der ersten Kammer abgebrochen. Sechzehn von oben nach unten von $2\cdot2$ auf $1\cdot2^{mm}$ in der Höhe abnehmende Kammern sind erhalten und durch deutliche Grenzlinien auf der Aussenfläche der Schale markirt. Die äussere Deckschicht der Schale fehlt, kann jedoch nur glatt oder zart gestreift gewesen sein. Die in Kalkspath umwandelten fein radialfasrig erscheinenden Seitenwände der Kammern sind verhältnissmässig stark, aber nicht gleichförmig dick im Umkreise des Querschnittes; dagegen sind die concaven Grenzböden der Kammern sehr zart. Charakteristisch für die kleine Form sind die an die feine Lamelle der Kammerböden dicht anschliessenden unteren Vorsprünge der inneren Kammerwände, welche wie diese aus gelblichem Arragonit bestehen und die dutenförmige Form, der mit dem merglig sandigen Material der Gesteinsschicht ausgefüllten Kammerräume bedingt. Auf der dünnwandigeren Seite sind diese bogigen Vorsprünge regelmässiger und kleiner, auf der dickeren Seite jedoch greifen sie je weiter nach abwärts stärker und minder regelmässig nach innen vor. Dies dürfte jedoch nicht auf den ursprünglich verdickten Bau der unteren Partie der inneren Kammerwände, sondern mit der nachträglichen Kalkspathausfüllung hohler Eckräume zusammenhängen. Mit der von Beyrich (s. l. c. Taf. III, Fig. 11) gegebenen Abbildung des einen Orthocerendurchschnittes aus der von ihm als möglicher Weise zum Kohlenkalk gehörig betrachteten Partie der von Overweg zwischen Murzuk und Ghat gesammelten Versteinerungen ist nur bezüglich der Kammerhöhe und der Feinheit und Concavität der Böden eine Analogie vorhanden.

Gastropoden.

? *Straparollus* sp. cf. *Permianus* King.

Taf. VII, Fig. 2.

Die kaum 2^{mm} in der Breite messende, *Natica* ähnliche kleine Form ist der einzige Repräsentant der Gastropoden, welchen ich in dem Crinoidenmergel anzufinden vermochte. Die Erhaltung der Nabelseite ist etwas mangelhaft; jedoch ist das Vorhandensein eines ziemlich weiten Nabels deutlich erkennbar, dagegen ist der bei King als fast kreisrund angegebene Umriss der Mündung wegen anhaftender Gesteinskörnchen nicht mit Sicherheit zu constatiren.

Im Übrigen stimmt jedoch das kleine Exemplar mit der bei King (Perm. Foss. p. 211 und Hist. Account. p. 8) und bei Geinitz (Dyas, p. 51) gegebenen Beschreibung überein. Für die kleine niedergedrückte Schale (von etwa 3^{mm} grösster Breite bei geringerer Höhe) werden drei glatte, oben flach gewölbte, durch wenig vertiefte Nathlinien getrennte Umgänge und starke Wölbung des Umfanges des Schlussumganges sowie die deutliche Nabelung der unteren Fläche hervorgehoben. Dasselbe gilt für das afrikanische Miniaturexemplar.

Bivalven.

Pecten cf. *maclatus* de Kon.

Taf. VII, Fig. 3.

Die charakteristische Oberflächenverzierung der Schale des bei de Koninck (Descr. d. anim. foss. de terr. carb. de Belgique 1844, Taf. V, Fig. 5)[1] abgebildeten Exemplares stimmt so vollständig mit derjenigen des afrikanischen Restes, dass eine directe Identifizirung fast gerechtfertigt wäre. Nur der Mangel in der Erhaltung der Ohrenpartie des scharfen Abdruckes im Gestein (resp. des davon entnommenen Kittabdruckes) lässt den vorsichtigeren Vergleich als angemessener erscheinen. Auch die flache Wölbung der Schale und die Grössenverhältnisse sind bei beiden Formen analog. Die durch sehr feine und scharfe und mässig weit von einander abstehende, sich kreuzende concentrische Leistlinien und Radialrippchen hervorgebrachte regelmässige Gitterung der Schalenoberfläche in trapezförmige kleine Felder ist auf der glatten kalkigen Gesteinsfläche noch merkwürdig scharf eingeschnitten und auf dem Kittabdruck noch zu erkennen.

Das erhaltene Mittelstück der Schale hat 15^{mm} Höhe in der Medianaxe und 16^{mm} Länge in dem zur Schlusslinie parallel gedachten Hauptdurchmesser.

Pecten sp. (? *Aviculapecten*).

Taf. VII, Fig. 4.

Der vorliegende Abdruck der inneren Seite einer rechten Klappe zeigt einen ziemlich vollständigen Umriss sammt Ohren, aber nur Spuren anhaftender Schalensubstanz, so dass ein Schluss auf die Oberflächenbeschaffen-

---

[1] Die auf der Tafelerklärung bei de Koninck als *P. circularis* bezeichnete Form ist in demselben Werke, p. 146 als *Pecten maclatus* beschrieben.

heit nicht möglich ist. Das Exemplar hatte eine Höhe von 20^{mm} in der Medianlinie bei einer Schlossrandlänge von 12 (bis ? 15)^{mm} und einem Querdurchmesser der Schale von 17^{mm}. Die Schale war mässig gewölbt, ungleichseitig und ungleichohrig. Das kürzere Ohr (mit 5^{mm} Schlosslinie) mit schwachgerundetem Ausschnitt ist gewölbt, am Ende abgerundet und vom Scheitel der Schale nur durch schwache Depression getrennt, das längere Ohr (mit 7 oder mehr Millimeter in der Schlosslinie) ist flach gedrückt, durch schärfere Grenzlinien von der Schalenfläche getrennt und mit seichter Bogenlinie gespitzt auslaufend.

? *Gervillia* sp.

Ein wenig charakteristischer Steinkern einer kleinen *Gervillia* ist der zweite unter den sparsamen Bivalvenresten, welcher in dem Gestein gefunden wurde. Zu einer besonderen Abbildung fand ich denselben nicht geeignet.

? *Anthracosia* sp.

Ein nicht ganz vollständiger Steinkern, dessen Umriss ziemlich gut mit einer kleinen *Anthracosia acuta* King vergleichbar ist, kann hier auch nur der Vollständigkeit wegen Erwähnung finden.

Brachiopoden.

Terebratula cf. *Gillingensis* Dav.
Taf. VII, Fig. 5.

Es dürfte unter den bekannten Kohlenkalkterebrateln nicht leicht eine Form aufgefunden werden, welcher das afrikanische Individuum, abgesehen von dem Hervortreten concentrischer Linien, näher oder auch nur gleich nahe stünde, als die von Davidson (Britt. Carb. Brach.) Taf. I, Fig. 18—20 von Gilling (Yorkshire) abgebildete und Seite 17 beschriebene *Terebr. Gillingensis* Das Exemplar pl. III, Fig. 1 stammt von Westlothian in Schottland. Besonders mit diesem letzteren ist der Vergleich nahegelegt. Das afrikanische Exemplar ist zwar merklich kleiner (Mediandurchmesser von 8^{mm}, Querdurchmesser der Schale 6^{mm}) als das Vergleichsexemplar, aber das Zahlenverhältniss von 12^{mm} : 9^{mm}, welches die Hauptdimensionen des Exemplares von Westlothian ausdrückt, bleibt das gleiche.

Rhynchonella cf. *trilatera* de Kon.
Taf. VII, Fig. 6.

Unter allen zu *Rhynchonella* gestellten Formen des Carbon entspricht der kleine afrikanische Rest, welcher die feine, langfaserige Schalenstructur der Rynchonellen erkennen lässt, wohl am besten den kleinen Klappen von jungen Individuen von *Rhynch. trilatera* de Kon., wie sie sich bei Davidson (Britt. Carb. Brach. Taf. XXIV, Fig. 25 und 26) abgebildet finden. Vorzüglich ist es die breitere, weniger zugespitzte Form von Alstonfield, welche im Umriss daran erinnert, während die niedrige eingedrückte Beschaffenheit mehr auf das Exemplar Fig. 25 aus dem Kohlenkalk von Derbyshire hinweist. Die mittlere scharfe, vom Schnabel bis zum Rande reichende Depressionslinie sowie die Berippung (16—18) stimmen sehr gut.

Überdies könnte man etwa nur noch an junge Exemplare von *Rhynch. pleurodon* Phil. denken. Wenigstens zeigen die von Davidson l. c. Taf. XXIII, Fig. 10 *ab* als solche gedeuteten Formen von Settle in Yorkshire ein sehr analoges Aussehen.

? (*Spirigera*) *Athyris* cf. *planosulcata* Phil. sp.
Taf. VII, Fig. 7.

Trotz der sehr mangelhaften Erhaltung der Schalenoberfläche des die gewölbte Seite einer kleinen Klappe repräsentirenden Restes hat die Deutung einige Wahrscheinlichkeit wegen des auf der einen Seite vorstehenden Restes einer fächerförmig strahligen Ausbreitung.

Spirifer Lenzi n. f.

Taf. VII, Fig. 8.

Nebst einigen kleineren, minder gut erhaltenen Bruchstücken liegt die grössere Hälfte einer grossen Klappe mit Schale und der Kittabdruck eines ähnlichen Stückes der grossen Klappe von einem Abdruck ein Gestein vor. Aus diesen Resten lassen sich für diese Form folgende Merkmale anführen.

Der grösste Durchmesser der Schale fällt mit der Länge der Schlosslinie zusammen und beträgt 36—40^{mm}. Der Mediandurchmesser misst 13, bei dem zweiten Exemplare wahrscheinlich mehr bis 17^{mm}. Die grösste Breite des fast horizontal abstehenden Schlossfeldes am weiten Dreieckausschnitt misst gut 6^{mm}, und eben so weit klafft der mittlere Ausschnitt. Die Grenzkanten der Bucht stehen gleichfalls beiläufig 6^{mm} von einander ab. Der Schnabel ist zugespitzt, klein, schwach einwärts gebogen. Die Bucht ist glatt, ohne Mittelleiste oder Rippe, scharfkantig durch die ersten schmalen Rippen begrenzt, von denen jederseits etwa 16—20 die Schalenoberfläche verzieren. Die Rippen divergiren leicht bogenförmig geschwungen und nähern sich gegen die Schlenoberfläche zu mehr und mehr der Horizontale. Dieselben sind rundrückig niedrig, durch seichte schmale Furchen getrennt. Die Schale ist dünn und die Berippung kommt auch auf der inneren Schalenfläche noch deutlich zum Ausdruck. Eine concentrische Linearstreifung ist an keiner Stelle für das freie Auge erkennbar. Mit der Lupe bemerkt man an den Wandungen der ziemlich stark eingetieften und nach unten schwach bogig abgegrenzten Buchtfläche Spuren einer zarten dichten Streifung.

Auch auf den glatten Arealflächen sind leichte Wachsthumsstreifen zu bemerken.

Formen der Carbonformation, welche man in Vergleich bringen kann, sind wenige vorhanden. Analoge Umrisse und eine ähnliche Art der Berippung zeigen wohl gewisse Abänderungen des variablen *Spirif. striatus* Mart. Eine glatte Bucht und ein so breit und gerade abstehendes Schlossfeld ist bei dieser Gruppe nicht zu beobachten. Im Umriss und in der Ausbildung der Schlosslinie und Area, sowie bezüglich des Sinus der Ventralklappe liegt der Vergleich mit *Spirif. fusiformis* Phil. (Geol. of Yorksh. II, p. 217, Taf. IX, Fig. 10, 11, und Davids. Carb. Brach., p. 56, Taf. XIII, Fig. 15) noch näher. Jedenfalls hat jedoch die afrikanische Form eine deutlicher markirte radiale Berippung und einen breiteren Dreieckausschnitt, als diejenige aus dem Kohlenkalk von Bolland und die durch Worthen aus dem amerikanischen Kohlenkalk von Clifton (Illinois) gesammelte Form, welche Davidson erwähnt. Ein sehr analoges Aussehen hat auch der devonische *Spirifer perextensus* Meek and Worth. (Geol. Surv. of Illinois U. Pl. 10, Fig. 1 a, p. 414. Upper Helderberg).

Minder kann man wegen der verschiedenen Ausbildung der Area die Ähnlichkeit durch Umriss, Berippung und glatte Bucht der grossen Klappe, welche unsere Form mit kleineren Exemplaren des hercynischen bei Kayser abgebildeten *Spirif. Hercyniae* Gieb. haben dürfte, als eine verwandtschaftliche betrachten.

Spirifer sp.

Taf. VII, Fig. 10.

Einige Reste eines kleinen *Spirifer* mit stark markirtem glattem Sinus der grösseren Klappe und 5—6 jederseits markirten Rippen und mit verhältnissmässig hoher Area lassen sich schwer genauer vergleichen wegen Unsicherheit der Schalenbeschaffenheit und ungenügender Erhaltung. Man kann dabei an kleine Formen von *Spirifer acuticostatus* de Kon. (Deser. 1844, Taf. XVII, Fig. 6) denken; jedoch ebenso auch an *Spiriferina*-Formen aus der Gruppe der *Spiriferina cristata*.

Spirifer sp. aff. plano-convexus Shum.

Taf. VII. Fig. 9.

Eine vollkommen sichere Analogie ist wohl nicht zu erweisen, da die kleine Klappe fehlt. Die vorhandene grössere Klappe zeigt jedoch eine grosse Ähnlichkeit mit den bei Geinitz (Carb. und Dyas von Nebraska p. 42, Taf. III. Fig. 10—18) gegebenen Daten. Speciell ist die Vergrösserung der äusseren Seite einer grösseren Klappe, Fig. 17, hervorzuheben. Die amerikanische Form ist sehr häufig in der oberen Steinkohlenformation

aaa *

von Illinois (Platte River Mündung) und in Amerika überhaupt. Nach Geinitz ist diese Form ein Vertreter des carbonischen *Spirif. Urii* Flem. und des *Spirifer. Clannyanus* King. aus dem europäischen Zechstein. Der kleine afrikanische Rest zeigt nur eine sehr schwache enge Sinusfurche, ähnlich wie die amerikanische Form.

Spiriferina sp. indet.

Taf. VII, Fig. 11.

Das Bruchstück repräsentirt den oberen Theil der grösseren Klappe einer Form mit in der Schnabelgegend und zu beiden Seiten der Area noch gut erhaltenen Schalenresten, welche eine feine Punktirung erkennen lassen.

Wenn die Schale nicht punktirt wäre, müsste man dieselbe in die Nähe von *Spirif. lineatus* stellen und speciell mit solchen kleinen Formen dieser Gruppe vergleichen, welche ebenflächig sind und keine Buchtung der Schnabelklappe zeigen wie das viel stärker gewölbte Exemplar von *Spirif. lineatus* Mart., welches de Verneuil (Russia etc., Taf. VI, Fig. 6) abbildet, oder wie *Spirif. Stringocephaloides* M'Coy (Davids. Brit. Carb. Brach. Taf. XII. Fig. 15 und 16), welchen Davidson als besondere Varietät von *Spirif. lineatus* Mart. zu betrachten geneigt ist.

Die kleine afrikanische Form muss jedoch zu *Spiriferina* gestellt werden und in dieser Eigenschaft kann man etwa manche kleine Formen der liasischen *Spiriferina rostrata*-Gruppe zum Vergleich benützen. Als bemerkenswerthe Eigenschaften der *Spiriferina* des afrikanischen Carbon sind hervorzuheben die flache Wölbung, die lang gestreckte Form und die kantige Begrenzung des in eine stark eingebogene Schnabelspitze verlaufenden Mittelfeldes und die gegen die Area zu eingedrückte Beschaffenheit der schmalen Seitenflächen des Schnabels.

Productus cf. undatus Defr.

Taf. VII, Fig. 21.

Auf demselben Stück mit *Spirifer Lenzi* und *Fenestella plebeja* kommt ein Bruchstück einer Convexklappe von *Productus* vor, welches in so vollkommener Weise auf *Prod. undatus* und speciell auf die bei Davidson (Brit. Carb. Brach., Taf. XXXIV, Fig. 9 a b) abgebildete Form passt, dass nach diesem Stück allein schon das Auftreten kleiner Individuen dieser Art in dem afrikanischen Crinoidenmergel als sicher angenommen werden und das Niveau desselben als ein zur Carbonformation gehöriges bestimmt werden könnte.

Productus cf. undiferus de Kon.

Taf. VII, Fig. 20.

Der unvollständige kleine Rest zeigt in genügender Weise alle jene Merkmale, welche de Koninck (Mon. et genr. *Prod.* et *Chon.*, p. 57, Taf. V, Fig. 4 und Taf. X, Fig. 5) für diese Art als bezeichnend hält. Er gehört einem Exemplar von der üblichen Grösse mit 10^{mm} Durchmesser an und zeigt etwa 10 mit Stachelspuren versehene Rippen auf eine Distanz von 5^{mm} sowie ziemlich nahe stehende und besonders seitwärts von der Mittelwölbung verhältnissmässig kräftige concentrische Falten. Eine besondere Eigenthümlichkeit des afrikanischen Exemplars dürfte nur in der merklich schwächeren Wölbung der Convexklappe zu finden sein, eine Abweichung, welche selbst zur Aufstellung einer Varietät nicht genügend erscheint.

Productus desertorum n. f.

Taf. VII, Fig. 19.

In de Koninck's älterem Werke (Descript. Anim. foss. Terr. Carb. de Belgique, Taf. IX, Fig. 1 u. Taf. XII, Fig. 12) ist eine Form als *Prod. gryphoides* abgebildet und beschrieben, welche bezüglich der Grösse und Gestalt, abgesehen von der Schalenverzierung, unserer kleinen afrikanischen Form sehr ähnlich sieht

Diese Form wird jedoch 1847 in der Monographie der Genera *Productus* und *Chonetes* nicht mehr erwähnt. *Productus spinulosus* Sow., in der Nebenform *granulosus* Phil., ist durch die Combination von concentrischen Linien mit mehr regelmässig zwischen vertheilten Reihen von Stachelwarzen gleichfalls in Vergleich zu bringen. Durch die gryphaeenartig unverhältnissmässig krumm- und grossschnablige Form der grösseren Klappe sind die kleinen afrikanischen Exemplare jedoch von diesen beiden Arten sehr auffallend verschieden. In de Koninck's Monographie ist Taf. XI, Fig. 2 *a* ein *Pr. spinulosus* J. Sow. abgebildet, der in der Gestalt schon näher steht, aber als echter *spinulosus* die feinen Rippenlinien deutlicher zeigt, als die concentrischen Linien.

Beschreibung. Grössenverhältnisse: Schlosslinie 6—7^{mm}, grösster Querdurchmesser 10^{mm}, Mediandurchmesser 10—12^{mm}, Wölbungshöhe 4—5^{mm}. Der Schnabelbuckel überragt den Schlossrand um 2—2·5^{mm}; die Schnabelspitze ist stark einwärts gebogen und über den Schlossrand vorspringend. Schnabel und Schnabelbuckel zeigen deutlich scharfe ziemlich weitständig concentrische Ringfurchen und feinere Wachsthumslinien und dazwischen mässig dicht und regelmässig verstreute kleine Stachelwarzen. Das Exemplar (*f, e*) hat eine minder scharf ausgeprägte, nicht ganz gerade Schlosslinie.

Auf den Flanken und den vom Schnabel schärfer getrennten Ohrenflächen sind die Warzen grösser, rundlicher und dichter gestellt. In der breiteren Umrandungsgegend bemerkt man stellenweise eine scharfe, dichtere concentrische Streifung und eine Neigung der mehr länglich gestreckten Warzenspuren zu radialstreifiger Anordnung. Bei dem einen der abgebildeten Exemplare ist eine flach eingedrückte Dorsalklappe vorhanden. Die Oberfläche derselben konnte jedoch von dem anhaftenden Gestein nicht frei gemacht werden.

Productus Deshayesianus de Kon.

Taf. VII, Fig. 22.

Mit der von de Koninck (Monogr., Taf. XIV, Fig. 4, p. 151) gegebenen Abbildung und der zugehörigen Beschreibung ist die Übereinstimmung in der charakteristischen Verzierung des oberen Theiles der grossen Klappe eine so vollständige, dass eine Abtrennung der afrikanischen Formen nicht gerechtfertigt wäre. Die regelmässige Anordnung verhältnissmässig grosser rundlicher Warzen zwischen den concentrischen Linien ist auch hier auf der Hauptwölbung, auf dem Schnabelbuckel und den Ohrenflächen besonders deutlich, randwärts dagegen mehr verwischt. Die afrikanischen Formen sind durchschnittlich etwas grösser (8—10^{mm}), stärker gewölbt, als die von de Koninck beschriebenen Formen aus dem Kohlenkalk von Visé, bei welchen 7^{mm} als Mittel des Hauptdurchmessers angegeben werden. Überdies weichen dieselben auch insofern vom Typus der Form ab, als hier der Mediandurchmesser dem Querdurchmesser der Schale gleichkommt oder denselben etwas übertrifft, während die typische Form von Visé das umgekehrte Verhältniss zeigt.

De Koninck bildet jedoch in seiner ersten Arbeit (Descript. 1844, Taf. X, Fig. 7) in dieser Richtung variable Formen ab. Es genügen die Unterschiede daher höchstens, um ein „Varietas africana" dem Hauptnamen beizufügen.

Chonetes aff. *tuberculata* M'Coy. sp.

Taf. VII, Fig. 18.

Die Unterschiede der kleinen afrikanischen Form, von der durch M'Coy (1844, Syn. Carb. foss. of Irland, p. 121, Taf. XX, Fig. 5) als *Leptaena tuberculata* beschriebenen Form sind zu unbedeutend gegenüber den übereinstimmenden Charakteren, als dass für eine einzige, wiewohl ziemlich gut erhaltene Convexklappe die Aufstellung eines anderen Namens, als etwa var. *africana* hinreichend gerechtfertigt erschiene. Von den zahlreichen Varietäten, welche Davidson unter *Chonetes Hardrensis* vereinigt, unterscheidet sich die afrikanische Form hinreichend durch die geringere Zahl und die Verzierung der flachen, breiteren Rippen mit kleinen flachen, rundlichen Wärzchen, obwohl in Umriss und Bau manche derselben (z. B. var. *Laguessiana* de Kon.) nahe stehen. Die ebenfalls nicht weit abstehende *Ch. Buchiana* de Kon. hat wiederum eine geringere Zahl von breiteren Rippen und zeigt feine, concentrische Streifung.

Die afrikanische Form hat in der Schlosslinie 12^{mm}, in der Medianlinie 9—10^{mm}, eine mittlere Wölbungshöhe von etwas unter 3^{mm}. Der grösste Schalendurchmesser differirt kaum von der Länge der Schlosslinie.

Die Übereinstimmung mit der von de Koninck (1847, Monogr. d. Genr. *Productus* und *Chonetes*, p. 222) gegebenen Beschreibung der im Kohlenkalk von Visé häufigen Form und mit den Abbildungen (Taf. XIX,

Fig. 4 *a—d*) ist ziemlich vollständig. Als Unterschiede oder besondere Kennzeichen der afrikanischen Varietät, wären etwa anzuführen, dass nicht nur unterhalb, sondern auch noch weiter nach dem Scheitel zu schwache Tuberkeln auf den Rippen zu bemerken sind, dass die Rippen etwas weiter und minder scharf von einander getrennt sind und auf den breiten Ohrenflächen schwächer werden, oder verschwinden und dass endlich eine feine concentrische Streifung der Oberfläche an einigen Stellen nachweisbar ist.

Die Zahl der Rippen beträgt für die breite Mittelwölbung etwa 20, auf jede der Ohrenflächen würden etwa noch 10 entfallen. Statt auf 50 Rippen, welche Zahl für *Ch. tuberculata* bei de Koninck angegeben wird, könnte man etwa auf 40 rechnen. Die Varietät neigt demnach im Ganzen dem Habitus von *Ch. Buchiana* zu.

Orthis cf. *Michelini* l'Eveillé.
Taf. VII, Fig. 12.

Das erhaltene Stück, eine Ventralklappe mit Area, welcher nur ein Theil der unteren Randpartie der Schale fehlt, stimmt in Umriss, Wölbung, Anlage des Schlossfeldes, sowie bezüglich der rauhen, dichten Radial-streifung so nahe mit den von Davidson (Brit. Carb. Brach. Taf. XXX, Fig. 6—12) gegebenen Abbildungen und der Beschreibung, dass wir dieselbe vollständig und ohne Zweifel damit vereinigen würden, wenn beide Klappen desselben Individuums vorhanden wären oder auch von verschiedenen Exemplaren sowohl Ventral- als Dorsalklappe mindestens in vollständigeren Exemplaren vorliegen würden.

Das Exemplar hatte in der Schlosslinie eine Länge von 10^{mm}; einen unteren grössten Durchmesser von 20^{mm} und einen Mediandurchmesser von 18^{mm}. Dasselbe steht in den Grössenverhältnissen demnach zwischen Fig. 9 und Fig. 7 der bei Davidson abgebildeten Exemplare und im Umriss etwa zwischen Fig. 6 und Fig. 7. Ausser der genannten auch von de Verneuil (Russia II. Taf. XIII, Fig. 1) und bei de Koninck (Descr. 1844 l. c. Taf. XIII, Fig. 8) abgebildeten Form, ist etwa nur noch *Orth. Lyelliana* de Kon. (Suppl. 1851, Taf. LVI) in Vergleich zu bringen.

Orthis Igidiensis n. f.
Taf. VII. Fig. 13 und 14.

Diese kleine zartschalige, feingerippte und deutlich punktirte Form schliesst sich in mehrfacher Beziehung an die grössere *Orthis Michelini* l'Eveillé an. Gemeinsam ist beiden der allgemeine Umriss der Schale, sowie der kleine zugespitzte vorspringende Schnabel, die flache Wölbung und die vom Schnabel ausgehende sich erweiternde, sinusartige mittlere Depression der grösseren Klappe. Der Unterschied liegt vorzugsweise in der feineren, minder rauhen und straffen Berippung und der dichten regelmässig feinen Punktirung der Intercostal-streifen. Überdies sind die feinen radialen Rippenlinien der obersten Schalenschicht auch meist stärker bogig divergirend. Bei Exemplaren, wo die obere Schalenschicht sich abgelöst hat, erscheinen die Rippen etwas breiter und enger und fein punktirt. Vielleicht hat man es auch mit Varietäten zu thun, von welchen einige der *Orthis Michelini* näher stehen als die anderen. Eine einzige Klappe, welcher die Mittelfurche fehlt und bei welcher die Mittelwölbung etwas stärker erscheint, lässt sich als kleinere Klappe deuten. Kleine Variationen kommen auch im Verhältniss der Länge der Schlosslinie zum grössten Durchmesser und im Verhältniss von diesem zum Mediandurchmesser vor. Der letztere ist gewöhnlich 1—2^{mm} kürzer als die grösste Breite der Schale und die Schlosslinie noch bedeutend kürzer als die Medianlinie. Die Hauptdurchmesser der verschiedenen vorliegenden Exemplare halten sich zwischen 10 und 14^{mm}. — Diese *Orthis* ist eine der häufigsten Brachiopodenformen der Schichten von Igidi.

? *Orthis* sp.
Taf. VII, Fig. 15.

Die kleine, 4^{mm} im Durchmesser haltende, starke, gewölbte Klappe mit prägnanter Verzierung kann nicht leicht etwas anderes sein, als die grössere Klappe einer *Orthis*, obwohl die punktirte Beschaffenheit der Schale nicht mit völliger Sicherheit festzustellen ist. Die Verzierung besteht aus etwa 18 scharfen, weitständigen, bogig ausstrahlenden Hauptrippen und regelmässig eingeschalteten feineren Secundärrippen. Die äusserst zarte Körnelung ist nur bei stärkerer Vergrösserung wahrnehmbar. Der Verzierungsmodus ist demnach ein ähnlicher wie bei der Gruppe der *Streptorhynchus crenistria*.

Streptorhynchus pusillus n. f.

Taf. VII, Fig. 17.

Die kurz-oblonge, fast quadratische, etwa 2^mm^ im Hauptdurchmesser kaum übersteigende, niedliche Form würde bei Davidson (wie die kleine var. *quadrata* M'Coy) gleichfalls noch unter *Strept. crenistria* untergebracht werden und gehört auch diesem grossen Formenkreise an. Der Umriss hat Analogie, wenn auch nicht Übereinstimmung mit der bei Davids. (l. c. Taf. XXVII, Fig. 10) gegebenen Abbildung von *Str. quadrata* M'Coy. Die afrikanische Form hat auf der schnabelwärts mässig aufgewölbten grösseren Klappe etwa 20—24 gerade stärkere, randwärts an Breite zunehmende und die entsprechende Zahl sehr feiner Zwischenrippen mit äusserst zarter Crenulirung.

Die kleine Klappe hat in der Mitte sowie beiderseits unter der Schlosslinie leichte Depressionsfurchen.

Die stärkeren Radialrippen stehen hier weiter auseinander und sind gleichförmig schmäler als die der grösseren Klappe, die Zwischenrippen noch zarter.

Streptorhynchus crenistria Phill.

Taf. VII, Fig. 16 a und b.

Die beiden Abbildungen repräsentiren zwei verschiedene Varietäten aus der Gruppe des *Streptorhynchus crenistria*. Beide Formen schliessen sich an den Bau der Varietät *caduca* M'Coy (Davids. Britt. Carb. Brach. Taf. XXVI, Fig. 4) näher an, als an jede andere der von Davidson beschriebenen Varietäten. Die Erhaltung der afrikanischen Exemplare genügt nicht zur Aufstellung specieller Varietäten.

Fig. 16 a. Die grössere Form (Schlosslinie 19^mm^, grösster Durchmesser 24^mm^) zeigt eine sehr feine, scharfe und nicht besonders enge Berippung. Die secundären Zwischenrippen sind nicht auffallend zarter als die Hauptrippen. Die Crenulirung oder Körnelung der Rippenlinien ist sehr zart, aber mit der Lupe bemerkbar.

Fig. 16 b. Das kleine Exemplar (Schlosslinie 8^mm^ — grösster Durchmesser 10^mm^) zeichnet sich durch wenig zahlreiche, weitstehende aber schneidig vorstehende Rippenlinien aus. Die nicht regelmässig auftretenden Zwischenrippen sind merklich feiner als die Hauptrippen.

? Discina sp.

Taf. VII, Fig. 25.

Die kleine, durch 6—8 stark vorstehende concentrische Leisten ausgezeichnete Form ist etwa 4^mm^ lang und 3^mm^ breit. Die Zustellung zu *Discina* (vergl. Davidson, Carbonif. and Permian Brach., Taf. LIV, Fig. 26 und 27) ist zwar nicht ganz sicher, da die kleine Schale nicht ganz von dem anhaftenden Gesteinsmaterial frei gemacht werden konnte, jedoch ist ein anderer, näher liegender Vergleich nicht zu finden.

Von den citirten Abbildungen unterscheidet sich diese Form jedenfalls durch mehr länglich ovale Form und die geringere Zahl und grössere Stärke der concentrischen Ringe.

Bryozoen.

Fenestella plebeja M'Coy.

Taf. VII, Fig. 27.

Die afrikanische Form ist von den aus europäischem, amerikanischem und australischem Kohlenkalk beschriebenen und abgebildeten Variationen dieser sehr verbreiteten Bryozoenform nicht zu trennen. Die von de Koninck aus dem Kärntner Kohlenkalk in der Monographie der Bleiberger Kohlenkalkfossilien gegebene Abbildung (Taf. I, Fig. 3 ab, p. 11) steht unserem Exemplar in der Form der Maschen näher als die (Geinitz,

Carbonf. und Dyas in Nebraska, Taf. V, Fig. 8, p. 68) zu *Fen. plebeja* gestellte Form. Es entfallen zwar, wie Geinitz für seine Exemplare angibt, auch hier der Länge nach fast genau vier Maschen auf 5ᵐᵐ, aber das Verhältniss der Längsruthen zu den Querstäbchen, die eckige Form der Maschen, sowie die schärferen Streifen stimmen viel besser zu der Kärntner Abänderung. Für die im Fusulinenkalk des Ural wie im Kohlenkalk von Bellevue in Nebraska vorkommende sehr nahe stehende *Fen. virgosa* Eichw. gibt Geinitz als Hauptunterschied spitzwinkliger gabelnde Verzweigung und längere, länglich vierseitige Maschen (3 auf 5ᵐᵐ Länge) an. Beide von Geinitz abgebildeten Formen, sowohl *F. virgosa* als *F. plebeja* haben viel stärker abgerundete Maschen als die afrikanische Form. Ganz nahe steht auch die bei Portlock (Geol. Rep. of Londonderry etc., p. 324, Pl. XXII, Fig. 1 *abc.*) als *F. flabellata* Phil. aus dem Carbon beschriebene Form.

Fenestella elegantissima Eichw.
Taf. VII, Fig. 28.

Die von Eichwald (Leth. Ross. Taf. XXIV, Fig. 4 *ab* und von Geinitz (Carbonform. und Dyas von Nebraska Taf. V, Fig. 7) gegebenen Abbildungen, sowie die betreffenden Beschreibungen fordern eher eine Vereinigung als eine Trennung des vorliegenden afrikanischen Exemplares von der russischen und amerikanischen Kohlenkalkform, welche ich auch aus dem Kohlenkalk der Südalpen kenne. Es entfallen auch hier, wie Geinitz für die Form des Kohlenkalkes von Bellevue angibt, fast genau 9—10 der kleinen, rundlich vierseitigen Maschen auf eine Strecke von 5ᵐᵐ Länge.

Ascopora cf. *rhombifera* Phil. sp.
Taf. VII, Fig. 29.

Der Vergleich der, wie es scheint, in dem afrikanischen Carbon nicht seltenen, von Schlanch aufgestellten Bryozoengattung mit der von H. Trautschold (Die Kalkbrüche von Miatschkowa. Eine Monographie des oberen Bergkalkes. Fortsetzung. Nouv. Mém., Tome XIII, Livris V, Moscou 1876, p. 367, Taf. XXXVIII, Fig. 4—6) gegebenen Beschreibung und Abbildung weist auf die nahe Verwandtschaft beider Formen hin. Die Unterschiede, welche man dabei constatiren kann, liegen in der grösseren Weite der Zellenmündungen bei geringerer Dicke der trennenden Wandungen.

? *Stenopora* cf. *columnaris* Schloth. sp.
Taf. VII, Fig. 26.

Der vorliegende Längsdurchschnitt des Zweigendes eines verzweigten Stämmchens erinnert in der Gruppirung der Zellenschläuche an Fig. 12 der Taf. XXI in Geinitz' Dyas.

Foraminiferen.
Valvulina ? *subrhombica* n. f.
Taf. VII, Fig. 31.

Der einzige Vertreter der Rhizopoden ist eine im Umriss eher verschoben vierseitige als runde und beiderseits ungleichförmig flach gewölbte Form mit an Kieselkörnchen reicher Kalkschale.

Die Schale scheint perforirt zu sein. Soweit man aus den schwachen Einkerbungen der kieseligen Oberfläche schliessen kann, sind die ungleichen gedrillekten Kammern in unregelmässigen Spiralen angeordnet. Die Mündung erscheint als feiner Schlitz in einer weiteren Eintiefung. Möglicherweise repräsentirt diese Foraminifere eine neue Gattung. Da nur ein Exemplar aufgefunden wurde, konnte eine speciellere mikroskopische Untersuchung des Baues und der Structur der Schale nicht vorgenommen werden. Bei etwas über 3ᵐᵐ Durchmesser hat das Exemplar etwa 1·8ᵐᵐ Dicke.

Crinoideen-Reste.

Taf. VII. Fig. 33—39.

Unter den zahlreichen Resten von leicht zerfallenden Stielfragmenten, Einzelgliedern und Kronentäfelchen kommen nur solche von sehr geringen Dimensionen vor. Weit weniger noch als bei den grossen, früher beschriebenen Säulenresten ist es hier möglich, bestimmte Gattungen herauszufinden.

Es mag daher die blosse Repräsentation der am häufigsten vorkommenden Entrochiten, Fig. 33—37, sowie die Darstellung eines grösseren Fragmentes von selten vorkommenden kleinen Kelcharmen (Fig. 40) und eines zu einer zusammengesetzten Armform gehörenden Verticilles (Fig. 41) zur Vervollständigung des Bildes dieser Fauna genügen.

Schlussbemerkungen.

So unvollständig auch die vorliegenden Ergebnisse der Untersuchung eines relativ kleinen Materials im Vergleich zu den paläontologischen Schätzen sein mögen, welche sich auf dem Riesenareal der grossen Sahara in den Schichten der paläozoischen Reihe noch werden heben lassen, so können dieselben doch immerhin Anspruch machen, einen für die geologische Kenntniss dieses Gebietes wichtigen Beitrag zu bilden. Es ist ein erster grösserer Baustein im Westen, welcher sich mit den aus Overweg's Reisetouren und Sammlungen im Osten durch Beyrich entnommenen und (1852) veröffentlichten Thatsachen auf dem Wege der wissenschaftlichen Combination in Beziehung bringen lässt.

Jedenfalls ist die Constatirung der grossen Verbreitung paläozoischer Schichten in der Westsahara eines der bedeutsamsten geologischen Resultate, welche Lenz von seinen beiden grossen afrikanischen Reisen mitgebracht und auf seiner Karte von West-Afrika fixirt hat.

Was sich darüber hinaus aus der Untersuchung des mir von Lenz übergebenen Materials als specielleres Resultat ergibt, und was sich an Combinationen von geologischer Tragweite auf Grund dieser Resultate mit Berücksichtigung der citirten Karte und einiger anderer Daten hinzufügen lässt, ist in kurzem Umriss Folgendes:

1. Das Hauptresultat der paläontologischen Untersuchung ist, dass sowohl die aus dem festen Gestein bestimmter Regionen gewonnenen als auch die vereinzelten, von verschiedenen Punkten der Lenz'schen Reiseroute durch die West-Sahara stammenden paläozoischen Petrefacten ganz überwiegend Formen sind, welche entweder direct mit bekannten Typen der unteren Abtheilung der Carbonformation übereinstimmen oder sich als nahe verwandte, stellvertretende Formen von schon beschriebenen Arten des marinen Carbon überhaupt oder speciell des Kohlenkalkes erweisen.

Die die flachgeschichtete Decke der Hammada-Strecken der West-Sahara bildenden paläozoischen Gesteine gehören demnach grossen Theiles in den Complex der carbonischen Reihe und enthalten Äquivalente des mit analogem Faunencharakter in beiden Hemisphären viel und weit verbreiteten Kohlenkalkes. Es folgt daraus zugleich, dass tiefere, also devonische Schichten oder höhere Schichten der paläozoischen Reihe (Obercarbon oder Äquivalente der Permformation) in der etwa 400 Kilometer breiten Zone zwischen dem Atlas und dem Sandgebiete der Wüste von Igidi eine im Verhältniss zur Verbreitung des Kohlenkalkes nur untergeordnete Rolle spielen können. Äquivalente des Obercarbon und der Permformation dürften gegen die südlichen Atlasabfälle zu am Nordrande des grossen Bergkalkgebietes, — Äquivalente devonischer Schichten in tieferen Aufbrüchen oder Erosionsgebieten der mittleren Region oder im Süden unter den Kohlenkalkschichten von Igidi oder verdeckt vom Sande der Wüste in grösserer Ausdehnung vertreten sein.

Wenn man die auch von Ferdinand Römer acceptirte neuere Gliederung der Carbonformation Belgiens nach Gosselet als Vergleichsbasis wählt, so kommt man bezüglich der specielleren Horizontirung der afrikanischen Bergkalkschichten leicht um einen Schritt weiter; da die Fauna der Kohlenkalkhorizonte Belgiens

durch die eingehenden paläontologischen Arbeiten de Koninck's die ausgiebigsten und sichersten Anhaltspunkte für die Feststellung der Verwandtschaftsverhältnisse der afrikanischen Kohlenkalkformen bietet. Wenn
de Koninck auch bezüglich der stratigraphischen Auffassung einen anderen Standpunkt einnahm, als derjenige
ist, welchen Gosselet vertritt, so ist doch die Angabe der Hauptfundpunkte durch de Koninck eine hinreichend genaue, um den stratigraphischen Vergleich auf Grund des Charakters der Fauna sicherzustellen.

Eine Discussion darüber, in wie weit sich Gosselet's Eintheilung und besonders die den Schichten mit
Spirifer Mosquensis und *Productus semireticulatus* zugetheilte Stellung auch in den Kohlenkalkcomplexen
anderer Verbreitungsgebiete durchführen lässt, kann an dieser Stelle nicht versucht werden. Es wird sich
Gelegenheit finden, bei Besprechung der Verhältnisse der alpinen Kohlenkalkäquivalente diese Frage näher
zu beleuchten.

Hier kann im Anschluss an das allgemeine Resultat der Constatirung eines grossen afrikanischen Verbrei-
tungsgebietes von an gestreiften Producten und Crinoideen (*Poteriocrinus*) reichen Schichten nur noch eine
speciellere Ergänzung dieses Resultates beigefügt werden.

2. Die nördliche Schichtenzone mit den Productenkalken des Wadi-Draa bei Fum el-Hossan ist
paläontologisch ein Äquivalent des Productenkalkes von Visé. Dieser nimmt nach Gosselet's Eintheilung
einen mittleren Haupthorizont der oberen Abtheilung des belgischen Kohlenkalkes (Étage du Calcaire de Visé)
ein und es bildet die reiche Vertretung von grossen Producten aus der Gruppe der *striati* (*Productus giganteus,
Cora* u. s. w.) im Verein mit kleinen Productenformen aus der an die *striati* eng anschliessenden *undati* (*Productus undatus, undiferus* u. s. w.) einen leitenden paläontologischen Hauptcharakter.

Diesen selben paläontologischen Hauptcharakter zeigt in dominirender Weise der Productenkalk von Fum-
el-Hossan. Neben grösseren Producten aus der Gruppe der *striati*, zu welchen ausser den kleineren Vertretern
der Gruppe des *Prod. giganteus* (*Prod. hemisphaericus* etc.) auch neue Localformen (*Prod. Africanus*) angehören,
erscheinen hier ebenfalls kleine Repräsentanten der *undati* und zwar speciell Vertreter des *Prod. undiferus.*

Neben den in Individuenzahl und Formenreichthum die Fauna dieser Kalkgesteine beherrschenden
gestreiften Producten erscheint die geringe Zahl anderer Brachiopodenreste unseres Materiales fast bedeu-
tungslos.

3. Die südliche Schichtenzone des afrikanischen Kohlenkalkterrains der West-Sahara enthält in
den an kleinen Crinoideenresten überreichen dünnplattig kalkigen und mergligen Schichten von Igidi eine
Fauna von grösserer Mannigfaltigkeit. Trotz der besonders in der Kleinheit der Formen und in der Beimischung
von carbonischen Bryozoen ausgeprägten Verschiedenheit des Faciescharakters ist es, abgesehen von dem
Überwiegen von Crinoideen im Wesentlichen gleichfalls eine Brachiopodenfauna und sind innerhalb dieser
Fauna wiederum Productenreste das für die genauere Horizontirung Ausschlag gebende Element. Das Auftreten
von *Productus undatus, undiferus* und *Deshayesianus* neben anderen zartschaligen Resten, welche entweder im
Kalk von Visé selbst oder im Kohlenkalk im Allgemeinen nähere Verwandte haben als in devonischen Schichten
spricht dafür, dass man es hier zwar mit einer besonderen Subfacies, aber immerhin doch mit Bildungen zu thun
habe, welche dem Alter nach, dem Productenkalk der nördlichen Zone nahe stehen und jedenfalls entweder
noch in dieselbe Hauptabtheilung (Étage du Calcaire de Visé) oder schon über die obere Grenze derselben
gehören.

4. Mit geringerer Sicherheit lassen sich die in der Mittelregion zwischen der Kohlenkalkzone von Fum-
el-Hossan und der Kohlenkalkzone von Igidi auftretenden gelblichen Sandsteinschichten auf einen bestimmten
specielleren Horizont des Kohlenkalkes beziehen. Wenn man selbst zugibt, dass von den wenigen aus diesem
Gestein stammenden Resten die Mehrzahl keine genügend gute Erhaltung besitzt und dass daher die für dieselben in Anschlag gebrachten Beziehungen auf Kohlenkalkformen einen nur zweifelhaften Werth haben, so
bleibt doch immer der eine *Productus* übrig, dessen carbonischer Habitus und Verwandtschaft mit *Prod. margaritaceus* nicht so leicht angefochten werden kann. Derselbe gibt auch den anderen Vergleichen eine grössere Berechtigung und erspart die Discussion über verwandte oder ähnliche Formen aus devonischen Schichten.

Dieser Anhaltspunkt genügt jedoch nicht, um die Stellung dieser Sandsteine innerhalb des Untercarbon genauer zu fixiren. Es bleibt daher eine offene Frage, ob in diesen Schichten gleichfalls nur eine besondere Facies der Abtheilung von Visé oder ein Äquivalent des Horizontes mit *Spirifer Mosquensis* aus der Abtheilung vorliegt, welche Gosselet als Etage du calcaire de Tournay bezeichnet und ob daneben auch Devon vertreten ist.

Im Wesentlichen alterirt das Bedenken bezüglich der Möglichkeit der devonischen Herkunft der freien glatt gewetzten Reste Taf. III und IV und verschiedenen Crinoidenstiele nicht die Thatsache, dass ausser den Productenkalken auch untercarbonische Sandsteinschichten mit zum Theil kalkigen, zum Theil bis auf den sandigen Steinkern reorbirten Petrefactenresten in einer mittleren Verbreitungszone zwischen zwei fast altersgleichen, aber der Facies nach verschiedenen Zonen von oberem Kohlenkalk erscheinen.

Da das Schichtensystem sehr flach gelagert ist, muss man es, wenngleich im Wesentlichen nördliche Fallrichtung vorherrscht, doch als ein welliges Terrain mit Einsenkungen und Erhöhungen und überhaupt verschieden tief einschneidender Erosion der flach gelagerten Schichten ansehen.

An ein conform von der Südzone von Igidi bis zu den Productenkalken von Fum-el-Hossan einfallendes Schichtensystem könnte man nicht denken, auch wenn die Zone von Igidi ein viel tieferes Niveau repräsentirte als der Productenkalk der nördlichen Verbreitungszone. Ich glaube daher, die Möglichkeit, dass in verschiedenen Aufbrüchen und Erosionsgebieten der oberen Kohlenkalkdecke tiefere Schichten zum Vorschein kommen, grenzt fast an Wahrscheinlichkeit, zumal im Streichen der Mittelzone weiter ostwärts von der Lenz'schen Route auf der Route von Caillé (1828) Granit angegeben wird.

Dass an der Basis der Schichten von Igidi, sowie unter dem Productenkalk von Fum-el-Hossan Schichten liegen, welche die untere Abtheilung des Kohlenkalkes sammt dem Devon repräsentiren und sowohl in Aufbrüchen der Mittelregion als gegen den Granit von El Eglab zu vertreten sein können, ist höchst wahrscheinlich.

Das Auftreten devonischer Schichten neben Schichten der Steinkohlenformation in der Ost-Sahara lässt auf eine ziemlich conforme Zusammensetzung der Steinwüsten der grossen Sahara schliessen. Es ist nicht unwahrscheinlich, dass der Hauptunterschied im Wesentlichen darin liegt, dass die devonische Unterlage im Osten auf grössere Strecken von der carbonischen Decke entblösst ist, während in der West-Sahara diese Bedeckung eine vollkommenere ist.

Es liegt nahe, daran zu denken, ob nicht auch in der Ost-Sahara und in dem riesigen Wüstengebiete zwischen dem von Overweg'schen Reisegebiet der Region von Murzuk-Ghat Ghadames und dem von Lenz durchkreuzten Theil der West-Sahara Schichten des Kohlenkalkes einen Hauptfactor in der Zusammensetzung der Steinwüsten (Hammadas) bilden.

Ich halte dies nicht für unwahrscheinlich und möchte diesbezüglich die specielleren Resultate der paläontologischen Untersuchung jener Schichten abwarten, welche M. G. Rolland auf der, seiner Abhandlung über das Kreideterrain der nördlichen Sahara (1881)[1] beigegebenen geologischen Karte als „Dévonien" ausgeschieden hat. Die Verbreitung devonischer Schichten erstreckt sich nach dieser Karte aus dem Gebiete von Ghat gegen West in breiten Wüstenplateaus gegen die Ostgrenze der Sandwüste von Iguidi (Igidi) und erscheint hier noch am Oued Sooura bei Tidikelt und Gourara, sowie auch weiter nördlich von der Grenze der Sandwüste in einzelnen aus den quartären Bildungen auftauchenden Partien.

Würde Beyrich nicht das Auftreten devonischer Arten (*Spirifer Bouchardi* und *Terebratula Daleidensis*) in dem von Overweg gesammelten petrefactenführenden Sandstein von Wadi-el-Hessi am Südabfall der Hammada gegen Murzuk nachgewiesen und die weitere Verbreitung der Sandsteinformation von Wadi-el-Hessi über Murzuk hinaus gegen Ghat als wahrscheinlich ausgesprochen haben, so würde das erste Auffinden paläozoischer Schichten in den Hammadastrecken der Sahara vielleicht nicht immer sofort zur Annahme der vorwiegenden oder alleinigen Repräsentation der Devonformation geführt haben.

---

[1] M. G. Rolland. Sur le Terrain crétacé du Sahara septentrional. Taf. III. Carte Géologique du Sahara du Maroc, à la Tripolitaine et de l'Atlas avec Ahaggar ($\frac{1}{5000000}$). Bull. Soc. Géol. de France, 1881. (Extrait.)

Sowie es jedoch für mich keinem Zweifel unterliegt, dass die Bestimmungen Beyrich's massgebend sein müssen für den speciellen Fall und dass ein Vergleich der citirten devonischen Arten mit nahestehenden Berg kalkformen nicht mit gleicher Sicherheit durchgeführt werden könnte, ist es doch andererseits nicht zu über sehen, dass Beyrich überdies auch die Möglichkeit des Auftretens von Kohlenkalk in dem Gebiet zwischen Murzuk und Ghat mit Bezug auf Crinoideenkalksteine bereits andeutet, und dass er überdies das sichere Vor kommen eines Schieferthones mit *Sigillaria*-Resten als Beweis für das Vorkommen der Steinkohlenformation hervorhebt. Es ist somit das Vorhandensein beider Abtheilungen des Carbon wahrscheinlich.

Mag es auch gewagt erscheinen, bei so wenigen Anhaltspunkten schon eine allgemeinere Ansicht über den Charakter und die Verbreitung der paläozoischen Complexe der grossen Depressionszone der nördlichen Sahara auszusprechen, so will ich doch nicht unterlassen, einer Vermuthung Ausdruck zu geben. Die grössere oder geringere Berechtigung derselben wird durch die zahlreichen Saharaforscher Frankreich's und durch die von denselben in den paläozoischen Schichten gesammelten und der specielleren Untersuchung zugeführten Fossilreste ohne Zweifel in nicht zu ferner Zeit geprüft werden können.

Bei Erwägung aller bisher vorliegenden und in Discussion gebrachten Thatsachen habe ich die Ansicht gewonnen, dass dem Kohlenkalk äquivalente Schichtencomplexe sich durchwegs als die verbreitetste Gruppe der paläozoischen Reihe in der ganzen nördlichen Depressionszone der Sahara erweisen werden.

Das Meer der Kohlenkalksedimente begrenzte nach dieser Ansicht in einer westöstlichen Küstenlinie vor Ablagerung der auf die Nähe von Festland deutenden obercarbonischen Schieferthone mit Sigillarienresten den alten centralafrikanischen, aus krystallinischen Gesteinen und vorcarbonischen Quarziten und Schiefern auf gebauten Continentalkern der Steinkohlenperiode.

Die Sedimente des Kohlenkalkcomplexes dürften auf grosse Strecken an dieser alten Küstenlinie trans gredirend auf krystallinischem Gebirge liegen und das Devon und ältere Schichten überdecken. Die flache Lagerung der Schichten von Iguidi in der Nähe des Granitültgelterrains von El Eglab, welches Lenz ein zeichnet, dürfte dafür sprechen, und vielleicht sind es auch diesen Schichten äquivalente Bildungen des Kohlen kalkes, welche so nahe an jenes Gneiss- und Schiefergebiet der alten Küste herantreten, welches Rolland südlich von seinen grossen Devonplateaux zu Seiten des Oued Igarghar auf seiner Karte markirt. Wenn hier jedoch in der That typische Devonschichten direct auf dem krystallinischen Grundgebirge aufliegen sollten, so ist es wahrscheinlich, dass das Devon überhaupt in sehr enger Verbindung und in directen Übergängen mit den Äquivalenten des Bergkalks entwickelt ist.

Es mag dann bereits dieselbe lange nördliche Küstenlinie des alten afrikanischen Continentalkernes bereits zur Zeit der devonischen Ablagerungen bestanden und bis in die durch Beginn neuer Festlandbildungen und Küstenschwankungen bemerkenswerthe jüngere Carbonzeit eine südliche Grenzstrecke des grossen Kohlen kalkmeeres mit einem nördlichen Archipel von grossen insularen Festlandkernen gebildet haben.

Jedenfalls hat diese Anschauung etwas mehr Berechtigung, als die Annahme einer eventuellen Trennung der devonisch-carbonischen oder auch nur der carbonischen Ablagerungen der Sahara in eine Westbucht und eine Ostbucht mit ganz verschiedenartigen Absatzverhältnissen. Die trennende Landzunge, mit welcher der südliche Festlandkern in diesem Falle gegen Nord hätte vorgreifen müssen, ist nicht nachweisbar und noch weniger eine directe Verbindung mit vorcarbonischen europäischen Festlandstheilen. Das Hauptstreichen des Atlassystems und der dasselbe bedingende geologische Bau wäre dieser Hypothese entgegen. Die Commu nication zwischen den productenreichen Kohlenkalkfaunen der nordafrikanischen Meereszone war nach Nord weder in der Richtung gegen das belgische, noch in der Richtung gegen das südalpine Kohlenkalkterrain ver schlossen, sondern zu beiden Seiten des alten sardinischen Festlandkernes offen.

ERKLÄRUNG DER ABBILDUNGEN.

TAFEL I.

(Seite 373 bis 378.)

Petrefacten aus dem Productenkalke des Wadi-Draa bei Fum-el-Hossan.

Fig. 1. *Productus Africanus* nov. form. Seite 373. Ventralklappe. *a* Convexansicht. *b* Mit Gestein erfüllter Umriss der Concavansicht. *c* Seitenansicht. *d* Schnabelansicht. *e* Nach Fig. 1 und 2 construirter Mediandurchschnitt. *f – k* Vergrösserte Schalenpartien: *f* Röhrenstachelreihe als Fortsatz der Schlossrandrippen. *g* Berippung der Schnabelwölbung. *h* Dichotomie der platten Rippen an der Grenze der Schleppenzone. *i* Seitliche Rippenpartie der Mittelwölbung mit feiner Querstreifung und Runzelung. *k* Medianstreif der Wölbungshöhe mit Wiedervereinigung schnabelwärts getrennter Rippen.

„ 2. Dorsalklappe eines zweiten Exemplares von *Productus Africanus*. *a* Innenseite mit nur in der Schlossrand- und Fortsatzpartie erhaltener Schale, im mittleren und randlichen Theil den nur mit feinen Schalenlamellen überzogenen Abdruck der berippten concaven Aussenfläche im Gestein zeigend. *b* Umriss der im zugehörigen Gegendruck von der Schalendecke befreiten, an den erhaltenen Schalenrest von *a* anschliessenden Visceralpartie und umgebende Partie der berippten Aussenfläche. *c* Schnabelansicht mit Schlossfortsatz. *d* Vergrösserte Rippenpartie der Aussenfläche mit intercostalen Mündungsporen der Stachel- oder Zitzenbekleidung der Innenseite. *e* Wölbungscontour. *f* Kittabdruck der Innenseite des zu *a* gehörenden Schnabelstückes der Ventralklappe. *g* Schlossfeld dieses Ventralklappenstückes.

„ 3. *Productus* aff. *hemisphaericus*. Seite 378. *a* Convexansicht. *b* Concavansicht mit Schlossrand und Dorsalklappe. *c* Schnabelansicht. *d* Beiläufige Form des Mediandurchschnittes. *e* Vergrösserte Rippenpartie der Ventralklappe.

„ 4.   „   *crundulo-costatus* nov. form. Seite 374. Ventralklappe. *a* Convexansicht. *b* Schnabelansicht. *c* Vergrösserung einer Rippenpartie mit Ansatzstellen von Stachelröhren. *d* Vergrösserung einer Schalenpartie des zweiten Exemplares mit scharfen einseitigen Stacheleindrücken in den Steinkern.

„ 5.   „   *semistriatus* nov. form. Seite 374. Ventralklappe mit Steinkern. *a* Restaurirte Convexansicht. *b* Steinkern mit Visceralabdruck.

„ 6.   „   *decestitus* nov. form. Seite 375. Convexansicht einer halben Ventralklappe mit ergänzter Contour.

TAFEL II.

(Seite 374 bis 381.)

Petrefacten aus dem Productenkalke des Wadi-Draa bei Fum-el-Hossan.

Fig. 1. *Productus papyraceus* nov. form. Seite 376. Ventralklappe. *a* Convexansicht. *b* Schnabelansicht. *c* Vergrösserte Rippenpartie des unteren Randes. *d* Vergrösserte Seitenpartie der Depression unter der Ohrenfläche. *e* Wölbungscontour.

„ 2.   „   *crassus* nov. form. Seite 382. Ventralklappe. *a* Convexansicht. *b* Schnabelansicht. *c* Wölbungscontour.

„ 3. Dorsalklappe eines zweiten Exemplares. *a* Innenseite mit oberhalb theilweise erhaltener Schale und Berippungsabdruck der Aussenseite. *b* Wölbungscontour.

„ 4. *Productus Lenzi* nov. form. Seite 379. *a* Convexansicht. *b* Schnabelansicht. *c* Vergrösserte Rippenpartie. *d* Wölbungscontour.

„ 5.   „   aff. *margaritaceus* Phill. Seite 379. Reste von zwei Ventralklappen. *a* Convexansicht. *b* Schnabelansicht. *c* Wölbungscontour.

Fig. 6. *Productus tripartitus* nov. form. Seite 378. Ventralklappe. *a* Convexansicht. *b* Wölbungscontour.

„ 7. „ *subtessellatus* nov. form. Seite 380. Ventralklappe. *a* Convexansicht. nat. Grösse. *b* Vergrösserung desselben Exemplares.

„ 8. „ aff. *undiferus* de Kon. Seite 380. Ventralklappe. *a* Convexansicht, nat. Grösse. *b* Vergrösserung desselben Exemplares.

„ 9. „ sp. Seite 379. Abdruck der Aussenfläche einer Dorsalklappe.

„ 10. „ *hemisphaericus* var. Seite. 378. Ventralklappe, *a* Convexansicht. *b* Schnabelansicht. *c* Vergrösserte Rippenpartie. *d* Wölbungscontour.

„ 11. *Athyris (Spirigera)* cf. *Archimedis* Stache. Seite 381. *a* Nat. Grösse, *b* Vergrösserung.

„ 12. „ „ cf. *subtilita* Hall. Seite 380. *a* Nat. Grösse, *b* Vergrösserung.

„ 13. „ „ cf. *ambigua* Sow.

„ 14. *Streptorhynchus* sp. Seite 381. *a* Dorsalklappenrest. *b* Vergrösserte Schalenpartie.

„ 15. „ cf. *crenistria* Phill. Seite 381. *a*. Dorsalklappenrest *b* Wölbungsansicht *c* Vergrösserte Schalenpartie.

„ 16. *Pleurotomaria* sp. Seite 381. *a* Von der Seite, *b* von oben. *c* Schalenpartie der Basis.

TAFEL III.

(Seite 382 bis 384.)

Petrefacten aus den Sandsteinschichten der Mittelregion der Reiseroute zwischen Wadi-Draa und Igidi.

Fig. 1. *Spirifer* sp. (cf. *Mosquensis* Fisch.). Seite 383. *a* Abdruck einer halben Klappe im Sandstein. *b* Vergrösserung eines Theiles von erhalten gebliebener Schalenfläche.

„ 2. „ „ „ „ „ Seite 383. *a* Stark abgewetztes dickschaliges Schnabelstück einer grossen Klappe. *b* Area desselben Stückes.

„ 3 „ „ cf. *distans* Sow. Seite 383. *a* Abgewetzte Convexseite einer grossen Klappe. *b* Ansicht der fast horizontal abstehenden Area. *c, d* Dem Sinusabschnitte zugekehrte innere Zahnplattenseiten der loslösbaren Flankenabschnitte.

„ 4—7. „ ? „ Seite 384. *a* Convexansichten. *b* Areaansichten. *c* Zahnplatt- oder Septalflächenansichten verschiedener dickschaliger stark abgewetzter Flankentheile von verschiedenen Individuen oder Varietäten.

„ 8. „ „ cf. *Lenzi* Seite 383. Kittabdruck eines fraglich auf *Sp. Lenzi* bezüglichen Restes einer kleinen Klappe

„ 9. *Productus* aff. *margaritaceus* Phill. Seite 382. *a* Ventralklappenrest mit theils erhaltener, theils abgesprungener Oberschale. *b* Vergrösserte Partie des einseitigen Schalenabdruckes. *d* Vergrösserte Partie der erhaltenen Aussenfläche. *d* Vergleichsexemplar nach Davidson.

„ 10. *Rhynchonella* sp. aff. *Carringtoniana* Davids. Seite 382. *a* Steinkernrest einer kleinen Klappe. *b* Vergleichsexemplar nach Davidson.

„ 11. ? *Strophalosia* sp. mit Ansatz einer Korallenbasis auf der Rückseite. Seite 381. *a* Concavansicht einer grossen Klappe. *b* Rückseite desselben Stückes.

„ 12. ? *Favosites africana* n. f. (cf. *parasitica* Phill. sp.). Seite 381. *a* Seitenansicht. *b* Verticalschnitt. *c* Horizontalschnitt. *d* Basis. *e* Scheitelpartie des keulenförmig parasitisch um einen fremdartigen, axenartigen Stiel gewachsenen Korallenstockes. *f, g, h* Dünnschliffe. *i, k, l* Vergrösserung einzelner Partien der Dünnschliffe.

„ 15. *Favosites*-Rest. } Nach Milne Edwards und Haime. Vergrösserte Verticalschnittpartie zur Vergleichung.
„ 16. *Beaumontia*-Rest. }

TAFEL IV.

(Seite 385 bis 387.)

Korallen von verschiedenen Punkten der Hammada-Strecken zwischen Fum-el-Hossan und Igidi.

Fig. 1 *a–l. Cyathophyllum Khalifa* n. f. Seite 385. *a* Seitliche Hauptansicht des Drillingstockes. *b* Kelchansicht der am vollständigsten erhaltenen grösseren Koralle. *c* Seitenansicht des grubig lacerirten glattgescheuerten nach oben unvollständigen zweiten Stückes. *d* Vergrösserung eines Streifens der Aussenfläche in dreifachem Erhaltungsstadium (mit erhaltener Epithek, mit abgesprungener Epithek und glatt gescheuert), *e* Verticalschnitt zu Fig. *c* nahe der Axenebene. *f* Ein Streifen derselben vergrössert. *g* Gegenstück des Verticalschnittes. *c*) bis zur Axenebene angeschliffen. *h* Partie des axalen Maschennetzes vergrössert.

i Horizontalschnitt des kleineren dritten Stückes. *k* Vergrösserung einer Partie der inneren Kelchwand des grossen Stückes. *l* Vergrösserung einer Partie des Horizontalschnittes.

Fig. 2 *a — f. Cyathophyllum* sp. Seite 386. *a* Seitenansicht. *b* Verticalschnitt. *c* Kelchgrube. *d* Horizontalschnitt im oberen Drittheil. *e* Desgleichen im unteren Drittheil. *f* Angewitterte Partie der Seitenfläche vergrössert.

„ 3 *a — c.* „ sp. „ *a* Seitenansicht. *b* Natürlicher Verticalschnitt. *c* Horizontalschnitt.

„ 4 *a — f. ?Hadrophyllum* sp. Seite 386. *a* und *b* Verschiedene Seitenansichten. *c* Glattgescheuerter schiefer Naturschliff der Kelchfläche. *d* Horizontalschnitt durch den unteren Theil. *e* Derselbe vergrössert. *f* Vergrösserung der Wandfläche der Basalspitze.

„ 5. *?Duncania* sp. Seite 387. *a* Seitenansicht. *b* Kelchansicht *c* Horizontalschnitt.

„ 6. Gen. indeterm. Seite 387. *a* Seitenansicht. *b* Kelchansicht. *c* Verticalschnitt.

NB. Während für Fig. 1 die Herkunft aus Productenkalk des Carbon ziemlich sicher steht, ist das carbonische Alter der Reste Fig. 2—6 zweifelhaft.

TAFEL V.

(Seite 388 bis 393.)

Crinoidenreste von verschiedenen Punkten der Hamada-Strecke Fum-el-Hassan — Igidi.

I. *Entrochi ampli et cavi.* Säulenförmige Crinoidenstielstücke mit weitem, einfach gleichartigem, im Umriss kreisförmig oder oval gerundetem Canalloch aus der Gruppe der *E. laeves* und *tornati.*

A. Canalwandzonen glatt oder mit Horizontalverzierung. (Seite 389 bis 393.)

Fig. 1. } *a* Ansicht der Aussenwand und des Verticalschnittes. *b* Gelenkfläche. *c* Kittabdruck des Canalreliefs (Schraubenstein). *d* Ein Theil desselben (zwei Gliedwandzonen) vergrössert.

„ 2. } Glatt ebenwandige Entrochiten mit gekielter Canalwandform. *(Laeves plani.)* *a* Ansicht der Aussenwand und des Verticalschnittes. *b* Vergrösserte Canalwandcontour zweier Glieder. *c* Vergrössertes Stück der Nahtlinie zweier Glieder.

„ 3. } *a* Gelenkfläche eines zu Fig. 2 gehörigen Säulenstückes. *b* Gelenkstrahlenpartie vergrössert.

„ 4. Glatt ebenwandiger Entrochit *(compressus). a* Ansicht der Aussenwand. *b* Halbe Gelenkfläche. *c* Kittabdruck des Canalreliefs (Schraubensteinansicht). *d* Zwei Gliedwandzonen desselben vergrössert. *e* Vergrösserung eines Stückes der Nahtlinie. *f* eine Seite des Verticalschnittes mit Canalcontour (vergrössert).

„ 5. Glatt ebenwandiger Entrochit *(compressus). a* Ansicht der Aussenwand. *b* Querbruchfläche mit dicht aneinandergepressten Canalwandhälften.

„ 6. } *a* Ansicht des Aussenrandes und des Verticalschnittes. *b* Abgescheuerte Gelenkfläche.

„ 7. } Glatte schwach convexgliederige Entrochiten mit kielleistigen Canalwandzonen und eingetieften Nahtlinien. *Laeves incisi.* *a* Ansicht der Aussenwand mit symmetrisch weitständigen kleinen Rankennarben. *b* Verticalschnitt mit einzelnen starken Kielvorsprüngen der Canalwandcontour.

„ 8. } *a* Ansicht der Aussenwand eines *compressus* mit ungleich dicken Gliedern. *b* Strahlige Gelenkfläche mit zusammengedrücktem Canal. *c* Verticalschnitt.

„ 9. } *a* Ansicht der Aussenwand und des Verticalschnittes eines *sigillatus* mit erhaltenem Rankenglied. *b* Horizontalschnitt eines Gliedes.

„ 10. } *a* Ansicht der glatt gescheuerten Aussenwand, mit Ringwülsten umgebenen Rankennarben.

„ 11. *Tornatus.* Kielgliederiger Entrochit mit convexen gefurchten Canalwandzonen. *a* Ansicht der zum Theil glatt gescheuerten Aussenwand. *b* Verticalschnitt dreier Glieder mit Canalwandansicht.

„ 12. } Glatte schwach concavwandige Entrochiten mit erhöhten Nahtlinien. *Laeves subtornati.* Canalwandzonen concav. *a* Ansicht der Aussenwand und des Verticalschnittes. *b* Gescheuerte Gliedfläche. *c* Kittabdruck der Canalwand (Schraubensteinrelief). *d* Zwei Gliedzonen derselben vergrössert. *a* Vergrössertes Stück der Nahtlinie.

„ 13. } Canalwandzonen convex gekielt. *a* Ansicht der Aussenwand und des Verticalschnittes.

„ 14. *Carus.* Stark abgewetzter *tornatus* oder *cingulatus* mit schwach concaven zart gestreiften Canalwandzonen. *a* Ansicht der Aussenwand. *b* Gelenkfläche. *c* Kittabdruck der Canalwand.

„ 15. Einseitig eingedrückter, stark abgewetzter *?cingulatus* mit convexen deutlich gestreiften Canalwandzonen. *a* Ansicht der Aussenwand und des Verticalschnittes. *b* Horizontalschnitt eines Gliedes.

416   *Guido Stache.*

Fig. 16. *Tornatus* mit hoch convexen glatten Canalwandzonen. *a* Aussenwand und Verticalschnitt mit Canalwand. *b* Horizontalansicht. *b* Kittabdruck der Canalwand (Schraubensteinrelief).

„ 17.   „   mit kielartig convexen engen Canalwandzonen. *a* angewitterte halbe Gliedfläche. *b* Schraubensteinrelief.

TAFEL VI.

(Seite 393 bis 399.)

Crinoidenreste von verschiedenen Punkten der Hamada-Strecke Fum-el-Hossan—Igidi.

Forts. I. *Entrochi ampli* et *curi.*

    B. Canalwandzonen mit Querverzierung. (Seite 393 bis 394.)

Fig. 1. *Tornatus* mit concaven, quertheiligen Gliedzonen des Canals (glattgewetzt). *a* Aussen- und Verticalschnitt. *b* Halbe Gelenkfläche. *c* Schraubensteinrelief (Kittabdruck) vergrössert. Cf. Quenst. l. c Taf. 113, Fig. 16.

„ 2. *Laevis incisus.* Gliedzonen des Canals quertheilig und mit Horizontalleisten versehen. *a* Halbe Gelenkfläche mit Strahlenspuren. *b* Schraubensteinrelief vergrössert (Kittabdruck).

II. *Entrochi subampli* Das Canalloch misst in allen Gliedern unter $1/3$ und $1/4$ des Gesammtdurchmessers. (Seite 394 bis 395.)

Fig. 3. *Tornatus* mit flach concaven, durch starke Horizontalleisten verzierten Gliedzonen des Canals. *a* Halbe stark angewitterte Gelenkfläche. *b* Schraubensteinrelief.

„ 4. *Tornatus* mit engen, kielartig concaven Gliedzonen des Canals. *a* Lacerirtes glattgewetztes Stück in Seitenansicht. *b* Lochansicht. *c* Schraubensteinrelief.

„ 5. *Laevis planus (compressus)* mit engen, glatt convexen Gliedzonen des Canals. *a* Aussenwand. *b* Gliedfläche (angewittert). *c* Schraubensteinrelief. (Natürlicher Horizontalschnitt.)

„ 6. „ *incisus* mit weiten, glatt convexen Gliedzonen des Canals. *a, b, c* wie Fig. 5.

„ 7. „ *planus* mit Anlage zu pentagonaler Canalform und convexen Gliedzonen. *a, b, c* wie Fig. 5.

„ 8. „ „ mit durch Querleisten und Horizontallinien verzierten Gliedzonen des Canals. Aussenrand mit Verticalschnitt.

III. *Entrochi angusti.* Das Canalloch misst unter $1/4$ des Durchmessers der Gliedscheiben bis zu enger Durchbohrung. (Seite 395 bis 397.)

Fig. 9. *Laevis planus* mit flach concaven Gliedzonen des Canals. *a* Aussenwand. *b* Strahlige Gelenkfläche. *c* Vergrösserte Strahlenpartien. *d* Verticalschnitt. *e* Schraubensteinrelief.

„ 10. „ „ mit querleistigen Gliedzonen des Canals. *a* Aussenwand. *b* Vertienkzone.

„ 11. *Tornatus* mit durch feine Querleisten und weite Gruben verzierten Gliedzonen des Canals. *a* Aussenwand. *b* Glatt gewetzte Gelenkfläche. *c* Natürlicher Schraubenstein.

„ 12. *Subtornatus (sigillatus)* mit convexen horizontal kielleistigen Gliedzonen des Canals. *a* Aussenwand. *b* Vergrösserung der Linienverzierung. *c* Gelenkfläche schwach abgewetzt. *d* Horizontalschnitt durch ein vom Rankencanal perforirtes Glied. *e* Verticalschnitt. *f* Schraubensteinrelief. *g* Vergrösserung einer scharf geführten Zone.

„ 13. *Sigillatus* cf. *Poteriocrinus sigillatus* Quenst. l. c. Taf. 106, Fig. 41. Mit an den Gliederweiterungen durchbohrten Nebencanälen.

„ 14. *Laevis incisus (sigillatus).* *a* Aussenwand. *b* Knopfförmige Insertion eines Nebenarmes mit Canaldurchbohrung an Gliedverengungen (vergrössert). *c* Glatt gewetzte Gelenkfläche. *d* Horizontalschnitt durch ein Narbenglied und den Seitencanal.

„ 15. „ *planus* mit lappigem Canalloch. *a* Aussenwand. *b* Gelenkfläche. *c* Horizontalschnitt durch ein rankentragendes Glied.

„ 16. „ „ mit weit convexen Gliedzonen des Canals. *a* Aussenwand. *b* Schraubensteinrelief. *c* Glattgewetzte Gelenkfläche.

„ 17. „ *impar?* mit weit convexen Gliedzonen des Canals. *a* Stark abgewetzte Aussenwand. *b* Schraubensteinrelief.

„ 18. *Tornatus* mit weiten, flach convexen Gliedzonen des Canals. *a* Aussenwand. *b* Schraubensteinrelief. *c* Vergrösserung.

„ 19. *Laevis planus* mit querleistigen Gliedzonen des Canals. *a* Aussenwand mit Verticalschnitt. *b* Strahlige Gelenkfläche. *c* Vergrösserte Strahlenpartie.

„ 20. „ „ mit querleistigen Gliedzonen des Canals. *a, b, c* wie Fig. 19.

IV. Durch besondere Merkmale vom Habitus der übrigen Crinoidenstengel abweichende Formen. (Seite 398 und 399.)

Fig. 21. *Tornatus* mit engem Loch, schwach concaven glatten Canalwandzonen und tief einspringenden Narben. *a* Aussenwand. *b* Naturschliff. *c* Vergrössertes Schraubensteinrelief. Seite 398.

Fig. 22. *Larvin planus* mit einseitig durch drei Rankencanäle durchbohrtem Glied. *a* Seitenwand. *b* Gliedfläche.

„ 23. „ *sigillatus* mit weitem Canalloche und gegenständig durch drei Canäle durchbohrtem Rankenglied. *a* Seitenwand. *b* Gliedfläche.

„ 24. *Mammillatus (biarticulatus) (? Cyathocrinus)* in Brauneisenstein verwandelt. *a* Seitenwand. *b* Lochansicht. Seite 499.

„ 25. *Entrochus* cf. *micropyle* Quenstedt l. c. Taf. 112, Fig. 119, 120. *a* u. *b* wie bei Fig. 24.

„ 26. „ *cingulatus* (cf. *Cyathocrinus rugosus*). Quenst. l. c. Taf. 108, Fig. 12. *a* n. *b* wie bei Fig. 24.

„ 27. „ *impar* (vergl. Quenstedt l. c. Taf. 112, Fig. 94). *a* u. *b* wie bei Fig. 24.

„ 28. „ *stellatus* (vergl. *Poteriocrinus* Quenstedt l. c. Taf. 108, Fig. 51). *a* u. *b* wie bei Fig. 11. *c* Verticalschnitt.

Anmerkung: Den Versuch, die vorliegenden Säulenreste mit den von Quenstedt für verschiedene Entrochitengruppen gebrauchten Namen zu bezeichnen, kann ich nachträglich ebenso wie die gewählte Form der allgemeineren Anordnung nach relativer Weite und Ausbildung des Nahrungscanales nur als einen sehr unvollkommene und verbesserungsbedürftige Orientirung ansehen. Eine consequente Eintheilung der Crinoideenstielformen nach der Beschaffenheit der Aussenwände und Innenwände der Einzelglieder, sowie nach der Art des Wechsels von gleichförmiger und ungleichartiger Ausbildung derselben hat gewisse bedeutende Schwierigkeiten. Den hier gebrauchten besonderen Namen, wie „incisi" und „subtornati" lege ich einen besonderen Werth nicht bei. Jedenfalls bedarf man besonderer Bezeichnungen für solche Stielformen, bei welchen die Nahtlinie auf schwach erhöhtem Saum oder auf Zwischenstufen bis zur hoch kielartigen Circularrippe, verläuft gegenüber denjenigen Entrochiten, welche die Naht in den Grenzfurchen zwischen convex bis hochkantig, kielartig oder als scharf abgesetzte Rippen vorstehenden Gliedwandungen zeigen. Dieser Gruppe der „Tornati", welche sich den „incisi" anschliessen, wäre die erstere Abtheilung vielleicht passender speciell unter der Bezeichnung „Carinati" gegenüber zustellen und dabei statt „subtornati" für leicht kielartig gesäumte der Name „suturati" zu wählen.

TAFEL VII.

(Seite 400 bis 409.)

Petrefacten der Schichten von Igidi.

(Oberer Kohlenkalk oder Obercarbon.)

Fig. 1. *Orthoceras* sp. Seite 400. *a* Seitenansicht. *b* Verticalansicht. *c* Mittlerer Querschnitt. *d* Vergrösserte Kammern. *e* Umriss des Querschnittes mit Siphospar vergrössert.

„ 2. *Straparollus ?* sp. Seite 401. *a* Natürliche Grösse. *b* Vergrösserte Seitenansicht. *c* Nabelansicht.

„ 3. *Pecten* cf. *maculatus* de Kon. Seite 401. *a* Originalabdruck. *b* Vergleichsexemplar nach de Koninck.

„ 4. *Aviculopecten ?* sp. Seite 401.

„ 5. *Terebratula* aff. *Gillingensis* Davids. Seite 402. *a* Natürliche Grösse. *b* Vordere Ansicht vergrössert. *c* Stirnansicht.

„ 6. *Rhynchonella* cf. *trilatera* de Kon. Seite 402. *a* Natürliche Grösse. *b* Vergrösserung einer kleinen Klappe.

„ 7. ? *Athyris* cf. *planosulcata* Phill. sp. Seite 402.

„ 8. *Spirifer Lenzi* n. f. Seite 402. *a* Grosse Klappe. *b* Zugehöriges Schlossfeld.

„ 9. „ cf. *plano-convexus* Shum. Seite 403. *a* Natürliche Grösse. *b* Vergrösserung einer grossen Klappe. *c* Wölbungsansicht. *d* Vergrösserung des Schlossfeldes.

„ 10. „ sp. Seite 403. *a* Natürliche Grösse. *b* Vergrösserung einer grossen Klappe.

„ 11. *Spiriferina* sp. Seite 506. *a* Grosse Klappe von rückwärts, *b* von vorn, *c*

„ 12. *Orthis* cf. *Michelini* l'Eveill. Seite 406. *a* Grosse Klappe. *b* Zugehörige Schlosscontour.

„ 13. „ *Igidiensis* n. f. Seite 406. *a* und *c* Zwei grössere Klappen. *b* Oberflächenpartie vergrössert. *d* Punktirte Beschaffenheit der unteren Schalenschichten.

„ 14. „ sp. Grosse Klappe. Seite 406.

„ 15. „ sp. Grosse Klappe. Seite 406.

„ 16. *Streptorhynchus* sp. sp. cf. *crenistria* Phill. Seite 407. *a* Ventralklappe. *b* Schlossfeldansicht einer grösseren Varietät. *c* Ventralklappe. *d* Schlossfeldansicht einer kleinen Varietät.

„ 17. „ *pusillus* n. f. Seite 407. *a* Natürliche Grösse. *b* und *c* Vergrösserung der Vorder- und Rückseite.

„ 18. *Chonetes* aff. *tuberculata* M'Coy. Seite 405. *a* Ventralklappe in natürlicher Grösse. *b* Dieselbe vergrössert.

„ 19. *Productus desertorum* n. f. Seite 404. *a* Ventralklappe, Concavansicht mit Rest von Dorsalklappe. *c* und *d* Vergrösserte Ansichten desselben Exemplares. *e*, *f*, *g* Convex-, Concav- und Schnabelansicht der Ventralklappe eines zweiten Exemplares.

„ 20. „ *undiferus* de Kon. Seite 404.

„ 21. „ *undulatus* de Defr. Seite 404. *a* Nach Davidson ergänztes Exemplar. *b* Vergrösserung eines der Bruchstücke.

Fig. 22. *Productus Deshayesianus* de Kon. Seite 405. *a* und *d* Ventralklappen von etwas verschiedener Form. *b* und *c* Vergrösserungen.

„ 23. ? „ sp. Seite 405. Convexansicht einer Ventralklappe.

„ 24. ? *Strophalosia* sp. Seite 405. *a* Convexansicht der Ventralklappe. *b* Vergrösserung derselben. *c* Concavansicht.

„ 25. ? *Discina* sp. Seite 407. *a* Natürliche Grösse. *b* Vergrösserung von oben, *c* von der Seite.

„ 26. ? *Stenopora* sp. Seite 408. Natürlicher Auswitterungsdurchschnitt.

„ 27. *Fenestella plebeja* M'Coy. Seite 408. *a* Natürliche Grösse. *b* Vergrösserung.

„ 28. „ aff. *elegantissima* Eichw. *a, b* wie Fig. 27.

„ 29. *Ascopora* cf. *rhombifera*. Seite 408. *a, b* wie Fig. 27. *c* Querschnitt.

„ 30. ? *Rhombopora* sp. *a, b* wie Fig. 27

„ 31. Kieselkörnchen agglutinirende Foraminifere. Seite 409. *a* Natürliche Grösse. *b* u. *c* Haupt- und Queransicht vergrössert.

„ 32. *Cythere* sp. Seite 400. *a, b, c, d* Verschiedene Ansichten. Vergr. 10/1.

„ 33—41. Crinoideen-Reste. Seite 409. Fig. 33—37 Seiten- und Gliedflächen-Ansichten verschiedener Stielformen. Fig. 40. Bruchstück eines einfachen Kelcharmes. Fig. 41. Verticill eines zusammengesetzten Kelcharmes.

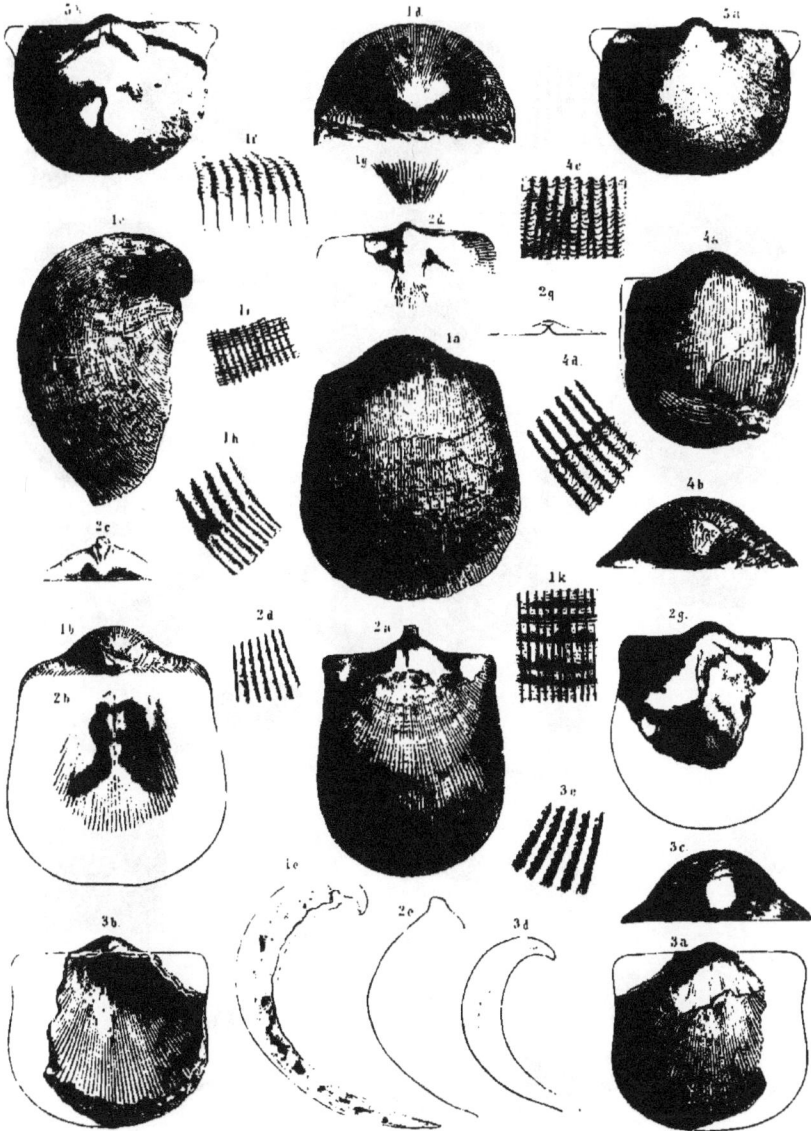

A. Swoboda del & lith.   Druck v. Th.Bannwarth in Wien

Denkschriften d.k. Akad. d W math naturw Classe XLVI Bd II. Abth

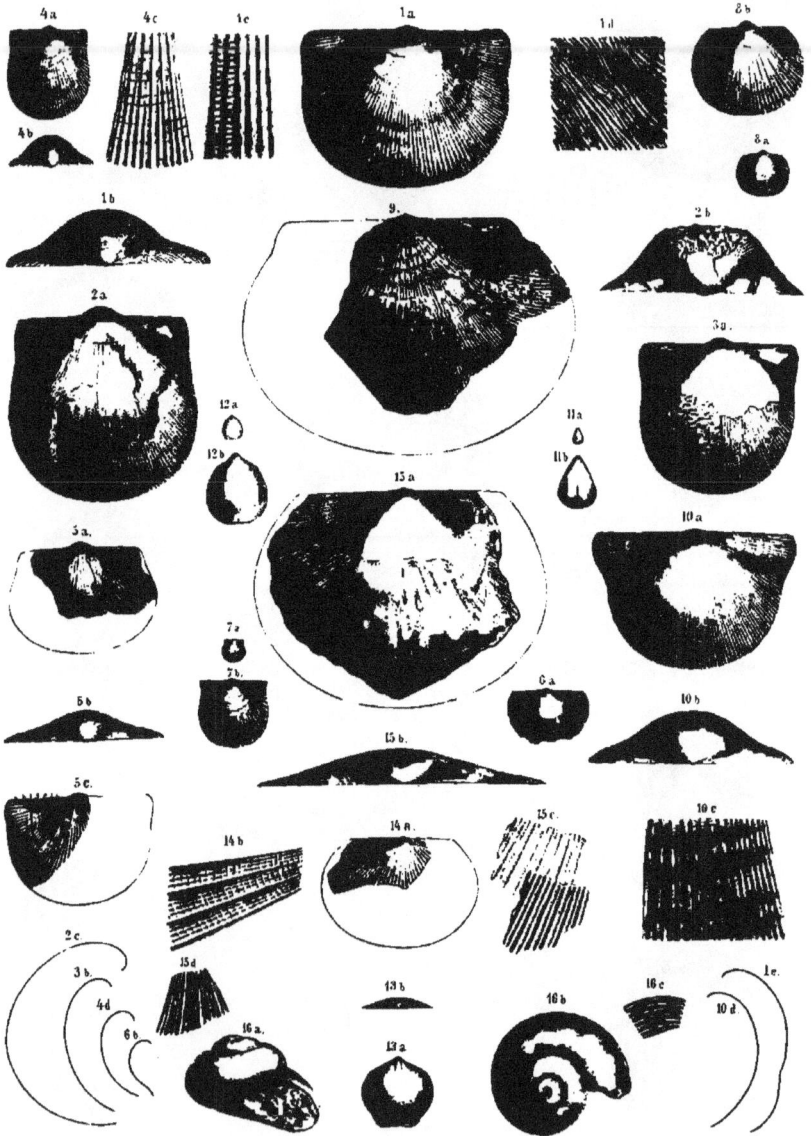

A. Swoboda del & lith   Druck v Th Bannwarth in Wien

Denkschriften d.k .Akad. d W. math naturw. Classe XLVI Bd H Abth.

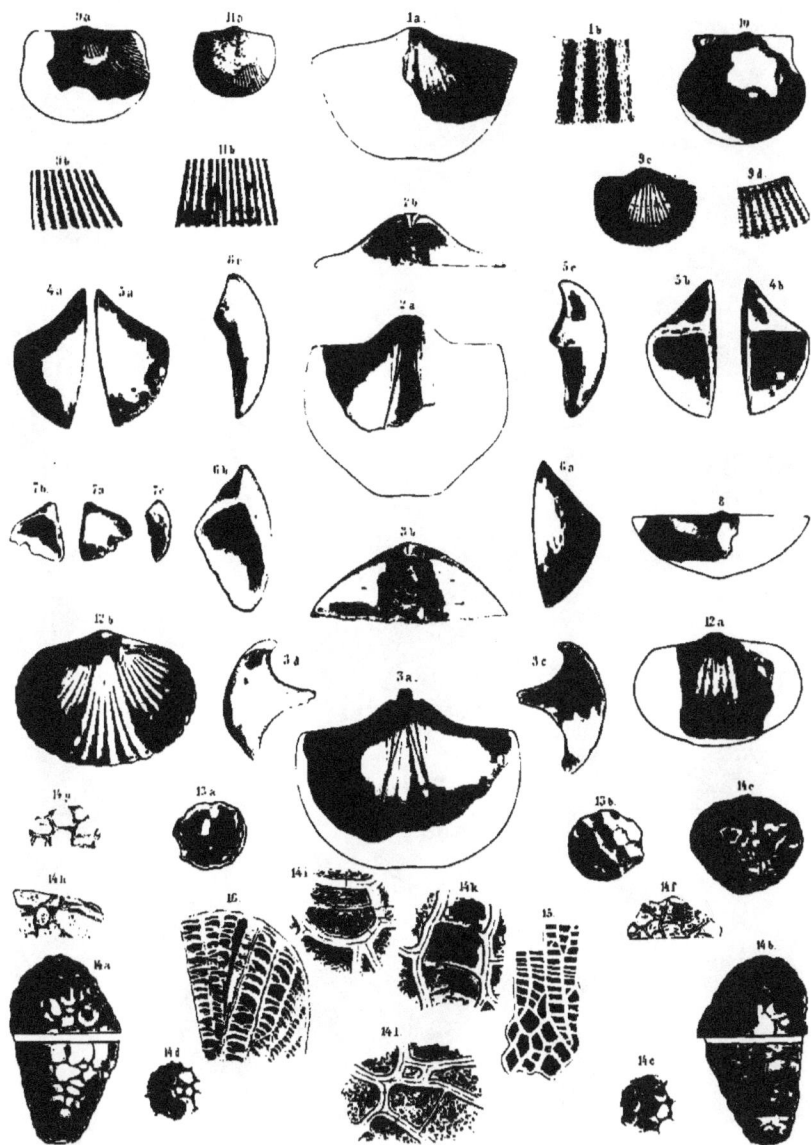

Swoboda del & lith.   Druck v Th. Bannwarth in W

Denkschriften d k Akad. d W. math.-naturw. Classe XLVI Bd II. Abth.

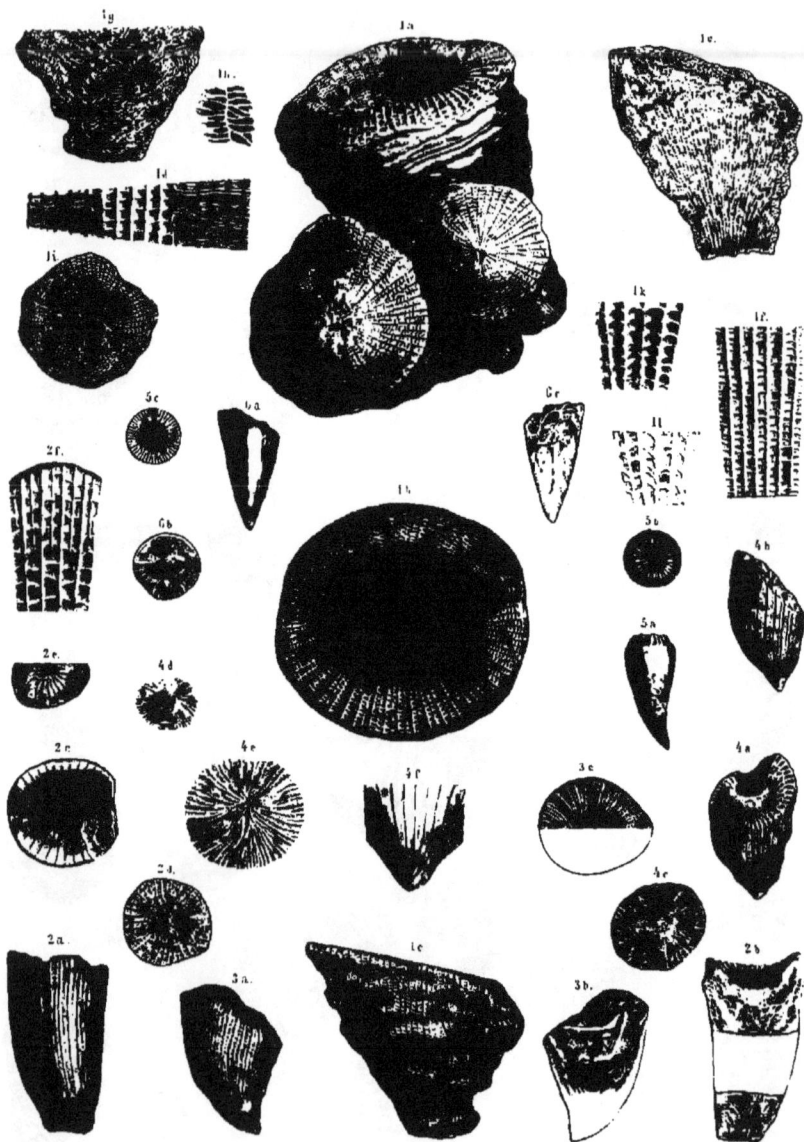

A. Swoboda del & lith

Druck v. Th. Bannwarth in Wien

Denkschriften d. k. Akad. d. W. math. naturw. Classe XLVI. Bd. II. Abth.

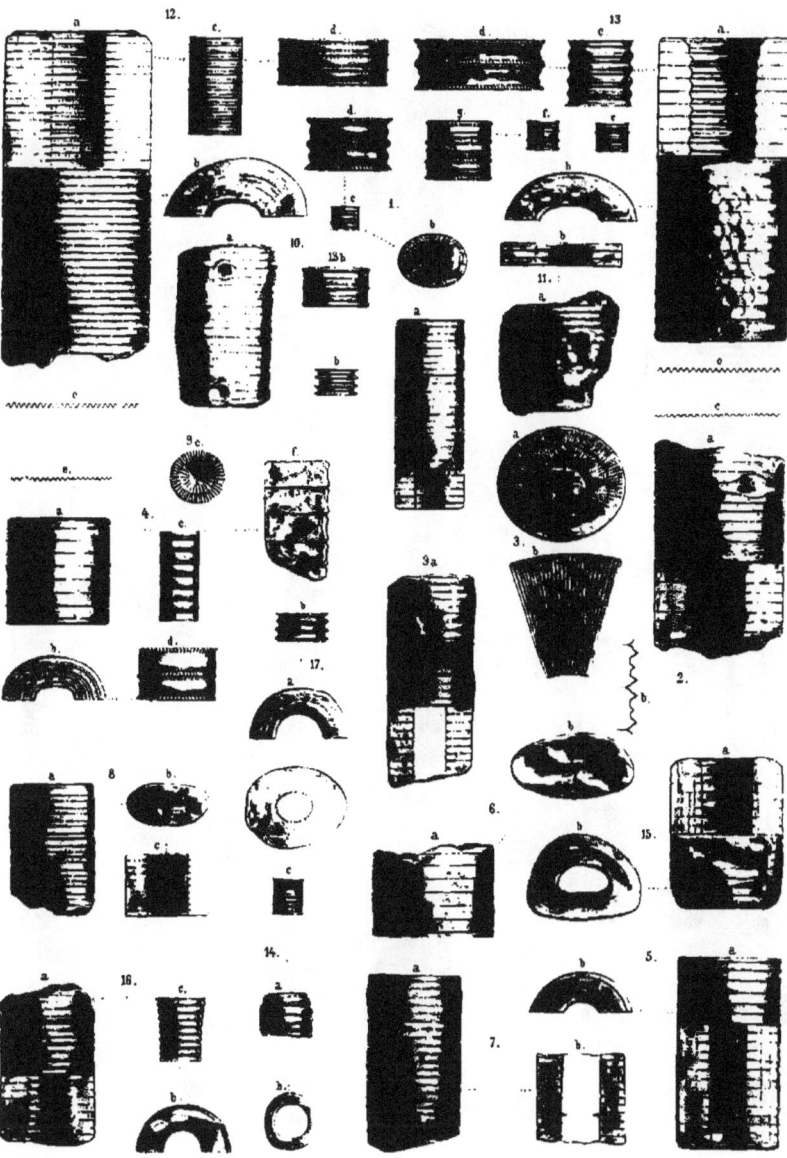

A. Swoboda del & lith.

Druck v. Th.Bannwarth in Wien

Denkschriften d.k.Akad. d.W. math.naturw.Classe XLVI.Bd.II.Abth.

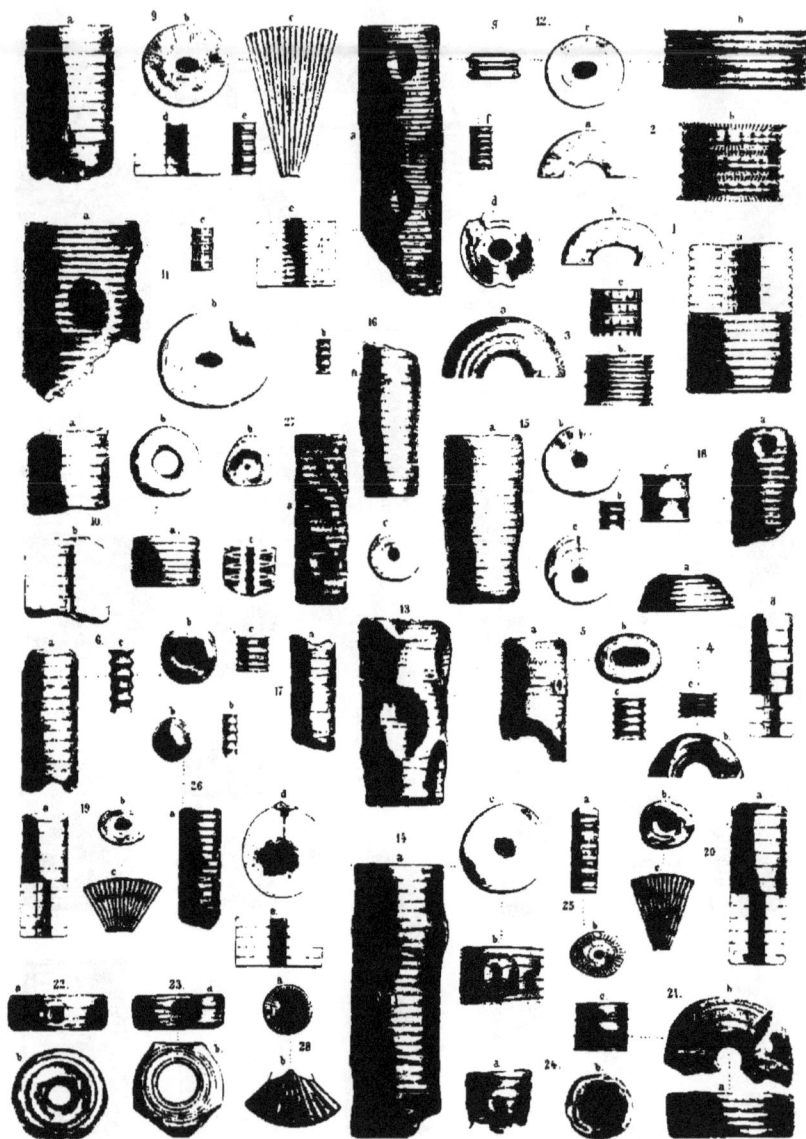

A. Swoboda del & lith.

Druck v. Th. Bannwarth in Wien

Denkschriften d. k. Akad. d. W. math. naturw. Classe XLVI. Bd. II. Abth.

www.ingramcontent.com/pod-product-compliance
Lightning Source LLC
Chambersburg PA
CBHW031751090426
42739CB00008B/970